Von Dietmar Wischmeyer sind in unserem
Hause bereits erschienen:

*Eine Reise durch das Land der Bekloppten
und Bescheuerten*
*Zweite Reise durch das Land der Bekloppten
und Bescheuerten*
Das Paradies der Bekloppten und Bescheuerten
Das Schwarzbuch der Bekloppten und Bescheuerten
Die bekloppte Republik

INHALT

STATT EINES VORWORTES	11
NEUJAHRSANSPRACHE 2011	15
MODERNES DASEIN	17
Rückkehr der Knuffigkeit	17
Reinlabern	19
Die schwarze Lederjacke	22
Tag des Alleinseins	23
Eklige Musik	25
Casual Dating	27
Updates im Alltag	28
Volksbegehren	30
Sexsucht	33
Langlebige Konsumgüter	35
Lösungen	37
Pommes, Pils und Remmidemmi	39
LEBEN PUNKT ZWEI	41
Das iPhone	41
Wiki-Wahn	43
Noch 'ne App	44
Die Magie des Buches	46
Stecker	48

INHALT

Nix mehr verpassen	50
Foren	51
Alles elektrisch	53

DEUTSCHE SEHEN DICH AN — 57

Kevin und Chantal	57
Der Nordrhein-Westfale	59
Nachruf auf die Herrentoilette im Hauptbahnhof Hannover	61
Das Wendland	65
Traurige Helden	67
Hannover	68
Opel & Karstadt	70
Crazy Hanover	72
Tote Werbe-Ikonen	74
Lena Meyer-Landrut	76

SIE UND ER — 79

Der Mann	79
Neue Wörter	83
Die Beziehungskiste	85

BRAVMENSCHEN & PLANETENRETTER — 89

Naturheilkunde	89
Esoterik im TV	91
Der Verbrauch	93
Go green	94
Grünabfall	96
Klimawandel	101

INHALT

DEUTSCHLAND, DEINE DIALOGE · 103

Neulich im Supermarkt	103
Neulich im Neubaugebiet	106
Neulich im Möbelladen	108
Neulich beim Friseur	110
Neulich beim Waschmaschinenservice	112
Neulich an der Tannenbaumverkaufsfläche	115
Neulich im Ehealltag	117

GANZ OBEN · 119

Charity	119
Dekadenz	121
Herrenmenschen light	122
Bücher, die das Fernsehen kritisieren	125
Streichquartett	126

GANZ UNTEN · 129

Oral History	129
Soziale Unruhen	131
Betreuungsgutscheine	132
Ein-Euro-Läden	135
Sucht für Schmales	136
Warum gerade ich?	138

VERKEHRTE WELT · 145

Berliner S-Bahn	145
Straßentheater	147
Hitze in der Bahn	149
Im Wohnmobil unterwegs	151
Die Bahn kann keinen Winter	153

INHALT

Noch mehr Reisechaos	155
Ascheregen und Flugverkehr	157
In der Vertragswerkstatt	158
Auto gut, Öffi scheiße!	160

AUS DER POLITIK — 163

Scherbengericht	163
Der Mauerfall – die Wahrheit	165
Die große Verarsche	166
Die Namen der Politiker	170
Dreikönigstag	171
Dreißig Jahre DIE GRÜNEN	173
Partei-Partys	175
Trittin, der Spießer	176
Wahl-O-Mat	178

TELLERGERICHT — 181

Essen ist Leben	181
Frühstücken	183
Der Darm	184
Weihnachtsmarkt	186

AUF DER ZIELGERADEN — 189

Rentner waschen Autos	189
Kleidung fürs Alter	191
Wann ist man alt?	192
Leben nach dem Tod	194

INHALT

ALLES AUSSER HOCHDEUTSCH	197
Der Grieche	197
Burka oder nicht	199
Integrationsmuffel	200
Religion	202
Nazis in der Sinnkrise	204
Immer diese Ausländer	206
Der gute alte Herbst	208
Rache ist eklig	210
DEUTSCHE HEIMAT	215
Bomben über Wunstorf	215
Noch mehr Text über Wunstorf	221
Hurra, der Hass geht weiter	223
ENDE DES JAHRZEHNTS	227
Wieder eins im Sack	227
REDE ALS BUNDESPRÄSIDENT	229
STATT EINES NACHWORTES	231

STATT EINES VORWORTES

Meine ersten Jahre als Streuner

Geboren und aufgewachsen bin ich in Oberholsten, einem winzigen Dorf im Wiehengebirge. Meine erste Begegnung mit der Stadt hatte ich als Vorschulkind, als ich zum Gesundheitsamt der Kreisstadt Melle musste. Ich weiß nicht mehr genau, um was es ging – ob Röntgenreihenuntersuchung, Pockenimpfung oder Schwindsuchtprophylaxe –, in Erinnerung geblieben ist mir der weißgekleidete Drachen in dem Kachelbunker. Als schüchterner Zweibierkistenhoch vom plattesten Lande begegnete ich zum ersten Mal einem androgynen Vertreter des Reichshygienestandes – und war mittelmäßig geschockt. Welche Traumata hätten daraus entstehen können? Die Sexualität, das Verhältnis zu Frauen auf ewig vermurkst, das Vertrauen in die Medizin: nicht mehr zu retten! Bei mir wurde dies alles zum Glück nicht ausgelöst, nur ein Verhältnis war von diesem Zeitpunkt an auf ewig zerrüttet – das zu Melle. Und dafür bin ich dem Else-Städtchen bis heute dankbar: dass es wie ein geduldiger Sündenbock alles Übel auf sich vereint hat. Was wäre geschehen, wenn aus der frühkindlichen Begegnung statt der gestörten Beziehung zu Melle ein zerrüttetes Verhältnis zu Frauen hervorgegangen wäre? Nicht auszudenken! Ich wäre womöglich »komisch« geworden, wie man in Melle sagt, nicht wenn

STATT EINES VORWORTES

man einen Witzbold meint, sondern einen Bekloppten. So ist es nur Melle, das ich fortan mit fast allen Prüfungen von Kindheit und Jugend in Verbindung bringe, der Kleinstadt sei nochmals Dank.

Eine weitere Gruselbude meiner Meller Kindheit war das Kurmittelhaus. Einmal die Woche kam der Abholservice auf den Berg nach Oberholsten gefahren und karrte die schützenswerte Jugend zum Solebaden in das Unterzentrum. Meine Herren, war das eklig! Nachdem man eine Weile in der kochend heißen Salzbrühe gesessen hatte, kam ein anderer weißer Drache aus dem Gebüsch und spritzte einen mit Eiswasser aus dem Gartenschlauch ab. Ich glaube, es war Amnesty International, die in den späten Siebzigern das Solebaden auf die Liste der Menschenrechtsverletzungen setzte.

Diese Erlebnisse waren aber noch gar nichts gegen die neun Jahre offenen Vollzug am Gymnasium. Täglich quälte sich der Kraftomnibus der Wittlager Kreisbahn über die Höhen des Wiehengebirges, um wissbegierige Jugendliche zum Grundlerndienst in die höheren Lehranstalten Melles zu chauffieren. Man erinnere sich: Bad Essen verfügte noch nicht über ein Gymnasium und auch die berufsbildenden Schulen an der Else erfreuten sich transmontaner Beliebtheit. Somit versammelte sich im Linienbus eine heitere Mischung schwer- bis gar nicht erziehbarer Jugendlicher, die die Zeit bis zum Unterricht mit allerlei Schabernack füllten: Prügeleien, Glücksspiel und Psychoterror. Derart gestählt, konnte einem selbst der von keiner Pädagogik verweichlichte Unterricht am Gymnasium etwas anhaben. Aber ich will nicht ungerecht sein, anders als heutzutage litt das damalige Kollegium nicht mehrheitlich an Schülerallergie, sondern zerfiel in wirklich hervorragende Lehrer und Psychopathen. Hatte man Glück, bekam man Letztere nur in den Nebenfächern.

Trost in dieser dunklen Zeit bescherten uns Schülern in Melle der Kurgarten und der Heldenhain. Ich will nicht verschweigen, dass dort der Alkohol eine gewisse Rolle spielte. Gut erinnern kann ich mich noch an den Blockwart des Kurgartens – keine Ahnung, welcher Aufgabe er tatsächlich nachging –, wir nannten ihn nur den »Lokusputzer«. Kein Tag verging, an dem er uns nicht laut fluchend aus dem Park vertrieb. Die Jahre am Gymnasium schleppten sich dahin, und es ist mir bis heute ein Rätsel, auf welche Weise ich dort eine ausreichende Portion Allgemeinbildung bekam. Damals reifte in mir ein Lebensmotto heran: Man kann überall etwas lernen, warum nicht auch an der Schule?

Beim Eintritt in die Mittelstufe ereignete sich etwas ganz Besonderes in Melle, nicht an der Schule, sondern im ganzen Kreis: Die kleine Stadt – der Gebietsreform sei Dank – plusterte sich zu einem zweihundertvierundfünfzig Quadratkilometer großen Riesen-Melle auf, sechsundfünfzig ehemalige Ortschaften hießen jetzt alle »Melle«. Selbst in entlegenen Randgemeinden wie Oberholsten standen plötzlich Schilder mit Straßennamen mitten im Feld. Damals mit fünfzehn wurde mir klar: Du brauchst einen größeren Sicherheitsabstand zu Melle, bevor es noch weiter zu dir vordringt. Drei Jahre später zog ich fort.

Wohin, das steht im Nachwort.

NEUJAHRSANSPRACHE 2011

Liebe Wutbürgerinnen
und Wutbürger ...

Die Zeit des Darbens ist vorbei. Tötet die Energiesparlampe und den Hybrid-Rasenmäher, jetzt wird wieder in die Torte gespuckt, wir verfressen das Bruttosozialprodukt. Es geht aufwärts mit der guten alten Exportnation Dschörmeni, und wir alle sind dabei.

Na gut, nicht wirklich alle. Die Laufzeiten der Langzeitarbeitslosen werden verlängert und niemand muss mit fünfundsechzig schon in Rente gehen. Alles, was wir nicht mehr brauchen, kommt unter die Erde: Der Atomschrott in Gorleben, die Bahn in Stuttgart, vielleicht können spätere Generationen aus ihr ein funktionierendes Verkehrsmittel machen. 2011 versaufen wir unser Omma ihr klein Häuschen, denn wer weiß, wie lange es noch steht! Noch können wir dem Chinamann unsere Technologie verbimmeln, doch schon bald besorgt er's sich selbst, und wir gucken ungefickt aus dem Passivhaus heraus. Drum lasst uns schnell alt werden, damit wir unser Alter uberhaupt noch erleben. Schon in ein paar Jahren haben moldawische Frauen auch was Besseres zu tun, als deutschen Hängeärschen die InkontinenzWindel auszutauschen. Lebet daher jetzt, ihr Germanen, denn der Tag der Abrechnung ist nicht mehr weit. Dann steht die ganze restliche Welt vor unserer Tür und frisst uns die Gefriertruhen leer. Doch es sind nicht Kalmück und Muselman, nein: Der Grieche und der Franzos klopfen an die Tür, wollen für ihre ausgewrungenen Euros unsere fetten Pfründe rauben. Deshalb sage ich euch: Versauft eure Spareinlagen, verhurt die Rentenanwartschaften und schmeißt mit den Piepen nur so um euch, denn dies ist das Jahr der Verschwendung!

Der jüngste Tag wird kommen, da Aldi seinen letzten BlueRayDildo verhökert hat und wir von unserem sauer zusammengerafften Vermögen nichts mehr kaufen können. Dann, liebe Wutbürgerinnen und Wutbürger, dann werdet ihr nicht mehr wütend sein, denn es wird nichts mehr da sein, über das ihr euch aufregen könnt. Und alles, was noch steht, das bleibt, denn da ist niemand, um es zu erneuern.

Howgh, ich habe gesprochen – oder auch nur laut gedacht, ich weiß es selber nicht. Frohes neues Jahr allerseits.

MODERNES DASEIN

Rückkehr der Knuffigkeit
Puschel, Bobbel oder meinetwegen Muckel

Hilfe, die Knuffigkeit kehrt zurück! Eine längst totgeglaubte Eigenschaftszuweisung des vergangenen Jahrtausends ist wieder da. Schuld daran sind Retroprodukte wie der FIAT Cinquecento, bei dessen Anblick die versammelte Weiblichkeit vor Entzücken das Höschen flutet. Auf die interessierte Frage des darob erstaunten Männchens kommt die in Glückstränen getauchte Antwort: »Ich find den einfach nur knuffig.«

Da kann das Weib seiner biologischen Prädisposition nicht entrinnen. Frauen finden ja auch frisch geschlüpfte Babys knuffig, während der Mann darin eher einen grad noch rechtzeitig entfernten Riesentumor erblickt. Nun, immerhin haftet dem Cinquecento kein blutiges Fruchtwasser mehr an, um in den Bereich der Knuffigkeit zu gelangen. Auch in den überwunden geglaubten Jahrzehnten klebten junge Frauen Buchstaben auf ihren VW-Käfer oder Renault R5. Da las man dann »Hoppel«, »Muckel« oder eben »Knuffi«. Allein schon die Vorstellung, seinem PKW einen Namen geben zu wollen, zeugt von erhöhtem Knuffigkeitsbefall. Seitdem auch Frauen in der Armee dienen, wird wohl auch der LEO 2 nicht lange von einer Muckel- oder Hoppelaufschrift am Heck verschont

MODERNES DASEIN

bleiben. Es sei denn, sein langes Rohr bewahrt ihn rechtzeitig vor der Knuffigkeitsanmutung.

Den Menschen unterscheidet vom Schimpansen, oder sagen wir ruhig: generell vom Rest der Natur, die Verwendung des rechten Winkels und seiner höchsten Ausformung im Goldenen Schnitt. Dieser verhält sich zum Knuffiismus wie das Pantheon zur Kartoffel. Selbst nichtwinklige Formensprache wie Stromlinie oder Aerodynamik zeigen, dass man auch ohne Kantigkeit elegant sein kann. Die Knuffi-Ästhetik hingegen strebt dem Ideal des verbeulten Nilpferdarsches nach und möchte, dass sich alle auf Erden ganz doll knuddeln. Solange diese Geisteshaltung auf sechsjährige Mädchen und deren Teddybären beschränkt bleibt, kann man nicht viel dagegen sagen. Wenn allerdings Autos, Politiker, Popmusik, Wohnwagen, Kaffeemaschinen, einfach alles nur noch zum Knuddeln, Kuscheln oder knuffig ist, und man die hässlichsten Kleinstwagen im Kothaufen-Design als »Knutschkugel« bezeichnet, dann sehnt man sich nach der intellektuellen Schärfe eines Immanuel Kant oder eines Solinger Messers zurück.

Reinlabern

Die Arschmaden können
das Maul nicht halten

Hat es je eine Zeit gegeben, in der noch Ehrfurcht herrschte vor der konzentrierten Hingabe an ein Medium? Ich erinnere mich jedenfalls nicht. Wie viele Jahrhunderte ist es her, als jeder, der sich in ein Buch vertiefte, sicher sein konnte, von anderen nicht gestört zu werden. Heute labern einem die nervigen Arschmaden in alles rein: Egal, ob man eine Lektüre zur Hand nimmt, einen Film im Fernsehen verfolgt, CDs oder Radio hört – nichts scheint dem Störer so wichtig, als dass er sich seinen Redefurz für 'ne Weile verkneifen kann. Ungestört lesen geht nur noch auf dem Scheißhaus, CDs hören nur noch im PKW – was für eine verkommene Welt. Nur eines, das darf nie unterbrochen werden: das sinnfreie Geblubber der Arschmaden und Arschmadinnen selber. »Hör mir gefälligst zu«, »Lass mich bitte schön ausreden«, keift es aus der biologischen Schallquelle, wenn man gelangweilt die Glotze entfacht beim dünnen Gefasel. Ach so ist das! Die Rezeption des neuen Kaurismäki-Films im finnischen Original, die darf ein reingebrülltes »Wo ist meine Unterhose schon wieder« ungefragt auf ewig zerstören. Ein Buch vor der Nase ist schon lange kein Grund mehr, dem Pack um einen herum das Maul zu stopfen. Und wer sich gänzlich ins soziale Aus schließen möchte, dem empfehle ich mal folgenden Satz anzubringen: »Sei bitte ruhig, ich höre Radio.« Genauso gut könnte er sagen: »Still, mein toter Opa

MODERNES DASEIN

spricht zu mir!« Mit dem Respekt vor den Inhalten schwand auch der Respekt vor den Rezipienten. Seit Dudelfunk und Titten-TV darf in alles reingelabert werden, ist eh nicht wichtig. Seit rund um die Uhr auf allen Kanälen gesendet wird, findet man auch mühelos wieder rein in den Schleim. Ist noch gar nicht lange her, da galten Familien, in denen pausenlos im Hintergrund die Glotze lief, als asoziale Hirnamöben. Heute ist jedes Medium wie selbstverständlich auf die Stufe des Hintergrundrauschens abgesunken und deshalb auch jederzeit antireinlaberresistent. Wer sich diesem Trend technisch widersetzen möchte, für den gibt's den Festplattenrecorder. Immer, wenn ein Arschloch aus dem Gebüsch auftaucht und mit dem Blubbern anfängt, drückt man auf die Pausentaste und im Hintergrund zeichnet das brave Gerät die verpassten Inhalte getreulich auf.

Wenn man Pech hat, dann staut sich am Lebensende eine unendliche Menge halbgesehener Filme, man steigt in die Kiste und weiß in tausend Fällen nicht, wer der Mörder war. Angesichts dieser zu erwartenden Höllenqualen zöge ich es vor, meine Mitmenschen verwandelten sich augenblicks in Festplattenrecorder – und sollte die Wiedergabefunktion kaputt sein, auch nicht schlimm.

REINLABERN

Was fällt Ihnen zu diesem Foto ein?
a) Himmel, Arsch und Zwirn, b) am Arsch der Welt
c) ein göttlicher Arsch d) nichts mit Arsch.

MODERNES DASEIN

Die schwarze Lederjacke

Outlaws im Tchibo-Outfit

Die ewige Hitliste der peinlichsten Kleidungsstücke aller Zeiten wurde jahrzehntelang vom gelben Pullover aus der Ralph-Lauren-Forschung angeführt – gerne auch lässig über der Schulter getragen, die Ärmel vorne zusammengebunden. Geschmackliche Verirrungen des ostischen Prekariats wie Karottenjeans in weiße Stiefel an schwarzer Bomberjacke, die wollen wir mal außen vor lassen, denn die können da ja nichts dafür. Hier soll es einmal um die wechselhafte Geschichte der schweren und am liebsten auch schwarzen Lederjacke gehen.

Einst die Uniform richtiger Männer (Fernfahrer, Piloten und des KaLeu auf hoher See), mutierte sie rasch zum Fetisch der *Darsteller* richtiger Männlichkeit: Rocker, Halbstarke und Motorradgangs. Noch weiter in die Uneigentlichkeit diffundierte der Tierhautlumpen, als die Rockmusik wiederum die Revoltenattitüde der Biker zitierte. Immer noch war die Lederjacke recht teuer und ihren eigentlichen Wert – nämlich die Patina durch jahrzehntelange tägliche Verwendung – konnte man sich für Geld nicht kaufen; das war die Authentizität, die ihr geblieben war. Dachte man zumindest so lange, bis die abgeschabten und künstlich gealterten Antik-Leder-Falsifikate auf den Markt kamen. Plötzlich konnte sich jede Pickelfresse eine gefälschte Biographie um den Nacken hängen.

Als dann auch noch die Motorrad-Discounter und Kaffeeröster aus Karl-Heinz und Waltraut für 'nen schlappen Hunni

James Dean und Suzie Quatro formen wollten, glaubte man die Lederjacke schon an ihrem absoluten Nullpunkt angelangt. Unverbesserlich Gestrige wie Peter Maffay und parazentrale Nuschelbarden wie Lindenberg trugen sie noch immer wie eine Monstranz vor sich her und an sich dran – der halbwegs stilsichere Mensch mied sie längst wie der Säufer das Mineralwasser.

Und nun, da alles schon verloren schien und kein Comeback mehr denkbar, da erlebt die schwarze Lederjoppe eine Renaissance, die sie nicht verdient hat. Sie ist zur Uniform gealterter Blödelrocker geworden. Niedecken trägt sie, Heinz Rudolf Kunze sieht darin so glaubhaft aus wie Tante Erna im Stringtanga. Und nun auch noch Marius Müller-Westerwelle, die FDP unter den knallharten Rockern. Jetzt hat die Lederjacke wohl endlich die Spitzenposition in der Liste peinlichster Fummel aller Zeiten erreicht. Sah man nicht auch schon Claudia Roth oder Andrea Nahles in ihr?

Der Herr sei uns gnädig. Amen.

Tag des Alleinseins

Schalter für die Welt: AUS!

Kaum ist ein Feiertags-Cluster überwunden, droht schon das nächste und der Blick auf das neue abzulebende Jahr zeigt auch schon wieder die sattsam bekannten Termine des sozialen Zusammenrottens. War es Weihnachten noch die

MODERNES DASEIN

Familie, sind es Silvester die Nachbarn und Freunde, am Valentinstag das Gespons und im Karneval gänzlich fremde Parallelexistenzen, mit denen man seine viel zu kurze Lebenszeit verplempern soll. Wann endlich gibt es den Feiertag des Alleinseins? Einen Tag im Jahr müsste es doch möglich sein, dass ein jeder sich selber schätzte, ein jeder auf seine Art. Mal mit niemandem sprechen müssen, nicht telefonieren, Leute treffen, keine Freizeit-Kompromisse, nur etwas mit sich selbst unternehmen, ohne Rechtfertigung, ohne Diskussion. Es wäre ein Tag, an dem auch die Event- und Remmidemmiblase schön mit dem Arsch nicht aus dem Hause ginge und vor allem anderen nicht auf den Sack. Ein Feiertag des kompletten sozialen Eingeschneitseins, an dem jede Zufallsgeburt auf diesem Planeten sich der eigenen Singularität bewusst würde. Bei so manchem führte der plötzliche Wegfall der sozialen Ablenkung zu tiefer Verzweiflung und hin zum Tablettenschrank. Wer noch nicht komplett verblödet ist durch das weiße Rauschen der Nullinformationen um ihn herum, ginge womöglich gestärkt aus einem Tag des bewussten Alleinseins hervor. Dazu bedürfte es allerdings eines grundsätzlichen Imagewechsels des Sozialentzugs. Bestenfalls der Single gilt ja heute unter den Einzelwesen als akzeptabel, unterstellt man ihm doch, sexueller Freibeuter zu sein. Dass in den Schlüpfern der partnerschaftlich Ungebundenen auch nicht mehr los ist, steht auf einem anderen Blatt. Immerhin aber beneiden ihn die Insassen der Eheknäste und das reicht, um sich selber toll zu finden. Wer allerdings zwar zum sequentiellen Routinerammeln jemand Festes an der Hand hat, aber ansonsten den Kontakt zum Mitmenschen wenn möglich meidet, ist eine asoziale Sau oder »komisch«, wie man im Volksmund sagt. Eremiten, Fallensteller, Heckenpenner – das sind jene, denen die eigene Gesellschaft genug ist. Aber es werden mehr in Zeiten des allseits drohenden Sozialinfarkts. Schenken wir ihnen doch einen eigenen Feiertag, wie wär's mit der Umwidmung des Totensonntag, da ist doch jetzt schon wenig los.

Eklige Musik

Schrammeln, Tröten und Jaulen a Go-Go

Seit Erfindung des elektrodynamischen Schallwandlers, geläufig Lautsprecher, ist es vor allem die Konservenmusik, die den Frieden auf Erden nachhaltig irritiert. Kein Ort, an dem man nicht beschallt, angebrüllt oder zugesäuselt wird. Bei aller berechtigten Abscheu vor der elektrischen Wiedergabe darf doch nicht vergessen werden, dass für Geräte generell die Unschuldsvermutung gilt. Denn hinter jedem Apparat lauert ein Mensch. Hinter jedem Verstärkerknopf ein Mini-GröFaZ, der ihn bis zum Anschlag aufreißt. Letzte Ursache musikalischer Umweltverschmutzung ist allerdings die Musik selbst – und da gilt es einmal, die Liste der widerwärtigsten Stilrichtungen aufzumachen.

Ganz oben steht seit Jahrzehnten das Dixieland-Getröte, der Soundtrack der Sozialdemokratie, dicht gefolgt von einem anderen Instrumentalstil, dem Klezmer-Klarinettengejaule, das man als Deutscher aus lauter Scham irgendwie gut

MODERNES DASEIN

finden muss. Im gesanglichen Fach dominiert der Shanty-Chor die Liste der Ekelmusik, ein primitives Brüllen dämlicher Texte in bescheuerten Klamotten. Man hat es schwer, dagegen anzukommen. Doch eine Gruppe ist auf dem besten Weg: die Gospelchöre mit ihrer süßlichen Fröhlichkeit. Ist da denn nirgends ein aufgeklärter Rassist, der Menschen mit weißer Hautfarbe das Dschieses-Frohlocken verbietet? Letztlich ist nichts dagegen einzuwenden, dass alle Irregeleiteten ihrem Gesangshobby im stillen Übungsraume frönen. Doch abertausend Stadtfeste und verkaufsoffene Autohäuser locken die tirilierenden Untoten ans Tageslicht. Und weil der Hobbymusiker so schön billig ist, wird ihm bereitwillig die Bühne bereitet. Dort klampfen sie dann zum Lobe Troubadix', nur dass niemand sie mit einem toten Fisch erschlägt. Blockflötenden Kindern mag man die mangelnde Beherrschung des an sich und überhaupt völlig überflüssigen Instruments noch verzeihen – schmerbäuchigen Graubärten allerdings nicht. Was der Brut die Blockflöte ist dem gereiften Manne die E-Gitarre. Auf jener zupft er die Chartbuster seiner Jugend, und auf dem Plakat des Stadtteilfestes firmiert seine Combo unter dem Slogan »Ehrliche Rockmusik mit der Hand gemacht« – dass der Kopf nicht mit im Spiel war, hatte man schon vermutet. Nichts dagegen, dass es sich die Graubärte mit der Hand machen, doch muss es ausgerechnet Musik sein? Es gäbe noch viele zu beschimpfen, die Blues-Combos, die Mittelalterwinsler, die nachgemachten Inkas mit der Bambusflöte und überhaupt jeden, der sich ungefragt ans Klavier setzt.

Casual Dating
Hippes Quervögeln für zwischendurch

Casual Dating schließt die Lücke zwischen One-Night-Stand und Monogamie«, heißt es auf der Website eines Fickel-Anbahners. Na endlich! Und was ist mit der Lücke zwischen Geschlechtsverkehr und Onanie? Wird die jetzt mal endlich durch Casual Rabbit Fucking geschlossen? Kaum hat etwas einen angloiden Namen, klingt's gleich viel hipper. Allemal interessanter, sich als Casual Dater zu outen, denn den Quervögler zu geben. Dabei ist das Schwanzwedeln so alt, wie allein an Muttis Muschi Erbauung zu finden. Und auch das Weib pflegt von alters her Einsteckerqualitäten, von denen der Gatte nichts zu ahnen braucht. Sich im fremden Feuchtgebiet zu ergötzen empfanden die Seitenspringer wohl auch deshalb einst so prickelnd, weil es so schön verboten war. Wehe dem, der Gatte spränge aus dem Hinterhalt, aus wär's mit des Ritters Fummel-Minne am holden Burgfräulein gewesen. Zu früher Morgenstund traf sich beim Duell mit dem Gehörnten, wer dessen Rochen hinterrücks flach gevögelt hatte. All dies Verruchte und Klammheimliche will der moderne Mensch ja nur noch im Fernsehgerät bewundern – im eignen Leben hat er's gern gemütlicher. Da kommt ihm das Casual Fucking grade recht – nicht groß heiraten müssen oder ähnlich langfristigen Quark, nicht mal genau wissen will man, wie das gebumste Gerät mit Namen heißt –, rück die Pussy raus, Sugar oder du den Riemen, Heinz – jetzt wird geknattert, bis der Bus kommt und das war's.

MODERNES DASEIN

Eigentlich kann's nicht mehr lange dauern, bis dem Geschlechtstrieb jegliche Lust abhandenkommt. Warum nicht gleich an der Bushaltestelle den steifen Wurm in einen handwarmen Tamagotchi stecken, 2,00 Euro einwerfen und warten, bis der Lurch abgepumpt ist. *Casualer* geht's nun wahrlich nimmer mehr. Doch überall, wo die Moderne mit ihrem Blödsinn prahlt, quillt auch das Archaische geil hervor. Casual gedatet hin oder her, es verliebt sich dann doch der eine außer Plan. Und siehe da, während sie schon zum nächsten Casual Rammler weitergeeilt, packt er die Flinte aus dem Futteral. Und diesmal ist's nicht die aus eignem Fleisch und Blut, sondern jene mit den 9-mm-Spermien im Lauf. Und da ist sie – frisch wie aus dem eignen Ei gepellt –, die gute alte Eifersucht. Peng, peng macht es, der Neue liegt im roten Saft dahingestreckt, und die Liebe hat über die Moderne schlussendlich doch gesiegt. Wie schön!

Updates im Alltag

Nicht mal mehr auf die Fliese ist Verlass

Guten Tag, hier ist die Firma Willis Fliesenparadies, mein Name ist Mandy Schuppe, ich würde gerne einen Wartungstermin für Ihre Kachelserie mit Ihnen vereinbaren. Wäre Ihnen da morgen zwischen 8:15 Uhr und 17 Uhr recht?«

Stopp! Moment! Wer ist Willis Schuppenparadies, was für 'ne Serie? Wieso müssen die gewartet werden? Nicht schon wieder Mandy. »Morgen hab ich keine Zeit, da lass ich meine Hoden runderneuern. Was wollen Sie von mir?« – »Sie haben sich vor zwei Jahren durch uns Ihren Nassraum gestalten lassen, und zwar mit der Slimline Dekorkachel Mozart aus der Ambienteserie Farbe Procto light. Und alle zwei Jahre schauen unsere Mitarbeiter da mal nach dem Rechten, prüfen die Fugendichtigkeit und erneuern die Nanobeschichtung.«

Halleluja, wenn nicht mal mehr die gute alte Scheißhausfliese ein Leben lang hält, was unterliegt da noch alles dem Update-Wahn der Moderne? Muss ich mir demnächst vorm Kacken den neuen Flutsch-Player runterladen? Vom Computerismus kennt man ja schon den Zwang, sich pausenlos aktuelle Versionen von irgendeinem Pissprogramm aus dem Netz lutschen zu müssen. Und just in dem Moment, wenn man eigentlich mit dem Programm arbeiten möchte, will die digitale Doofbacke, dass man sich stattdessen um die Runterladung der Punkt X+1-Version kümmert. Dass die Rechner nicht unsere Freunde sind, daran hatte ich mich schon gewöhnt, aber dass die gute alte Kack-O-Maten-Kachel uns nun auch noch in den Rücken fällt, enttäuscht mich schwer. Doch wer einmal von den süßen Beeren des Aftermarkets genascht hat, der kann nicht mehr davon lassen. So dachte sich auch Willis Fliesenparadies: Warum die dünnschissfarbene Platte aus der Ambienteserie an die Scheißhauswand leimen und dann erst wieder nach zwanzig Jahren bei der nächsten Badrenovierung ein Geschäft machen? Und auch der Provider furs Forzgestühl denkt sich: Ich verkaufe keine Flach- und Tiefspüler, sondern Procto-Mobilität. Da schau ich doch mal kostengünstig alle paar Monate wieder rein, ob's hintendrin noch flutscht. Und sollte sich der Arsch des Users vergrößert haben, gibt's ein Update für den Toilettensitz.

Schöne moderne Welt der ständigen Erneuerung. Was ist eigentlich mit dem alten Mitmenschen in meiner Wohnung, kann man sich dafür auch mal ein Update runterladen oder muss der immer noch komplett ausgetauscht werden? Ich ruf mal bei Fliesen-Willi an, vielleicht reicht auch die Überprüfung der Fugendichtigkeit und 'ne neue Nanobeschichtung.

Volksbegehren

Dann und wann ist auch mal Schluss mit lustig

Bei aller Abscheu vor den real vegetierenden Politikern sollte man nicht gleich in Ehrfurcht vor des Volkes Willen erstarren. Plebiszit, Volksbegehren, Bürgerentscheid, Anwohnerinitiative oder wie auch immer sich das organisierte Aufmucken des Packs gegen das regierende Gesindel nennt, führen weder zu konstruktiver Politik, größerer Gerechtigkeit oder was sich sonst die gutgläubigen Spinner davon versprechen. Das Volk ist nämlich kein Gremium, sondern eine amorphe Masse von Einzelinteressen und Grütze im Kopp. Aus diesem Grund lassen sich alle Formen der Bürgerbeteiligung in drei Grundmuster fassen:

Erstens, das Sankt-Florians-Prinzip. Siehe dazu: Auto-

VOLKSBEGEHREN

bahnbau, neue Bahnstrecken, Hochspannungsleitungen, Atomendlager Gorleben usw. Der Tenor: Scheißegal, Hauptsache nicht bei uns! Die Geschickteren verpacken ihr Eigeninteresse in ein Geschwurbel von Erhalt der Schöpfung, Feldhamster-Biotopen oder irgendwas mit Planet oder Kindern.

Zweitens, die Ideologen. Sie nutzen das Vehikel der Bürgerbeteiligung, um bei den wahlberechtigten Verdauungstrakten dumpfe Gefühle und allerlei Ängste zu schüren. Damit kann man ALLES durchsetzen: Bauverbot von Minaretten, Rauchverbot, Sexualstraftäter Köppe ab, Hunde über fünfunddreißig Zentimeter in die Wurst – was einem gerade so einfällt und wofür man hinreichend arbeitslose Studenten findet, die das Wählerpack bearbeiten. Einen Vorgeschmack auf diese Regierungsform hört man täglich im Radio. Dort gibt es zu jedem Thema sogenannte »Call-in-Sendungen«, in denen fernsprechbegabte Arschmaden ihre Meinungen runtergeigen. Man muss sich dann nur noch vorstellen, dass diese Blindgänger über jede politische Entscheidung abstimmen dürfen – und schon hat man unsere repräsentative Demokratie plötzlich wieder lieb. Gott sei Dank wird dort Volkes Wille ja durch die Firewall der Abgeordneten- und Parteienwahl von jeder tatsächlichen Einflussnahme abgeschirmt.

Die dritte Form des Volksbegehrens ist der Große Schiss vor den Koffer. Gleichgültig, was Politiker wollen oder vorschlagen – dann erst recht nicht. Unter dieser Prämisse hätte sogar die Todesstrafe eine Chance, nicht eingefuhrt zu werden, wenn sich, sagen wir mal, DIE GRÜNEN in Hamburg dafur stark machten.

Ein Grundmuster der Bürgerbeteiligung steht aber über allen dreien: Jeder zur Entscheidung Aufgerufene hat von Tu-

MODERNES DASEIN

Wenn Kurierfahrer in diesem Land was zu sagen hätten ...

ten und Blasen keine Ahnung und ist irgendwie aus'm Bauch oder Arsch heraus dagegen. Dagegen, zum Beispiel, dass Genmais angepflanzt wird oder Bundesländer zu funktionierenden Verwaltungseinheiten zusammengeführt werden. Nö, bin ich nicht für, heißt es dann. Warum, weiß ich jetzt auch nicht, aber NÖ.

Hoffen wir also, dass neben den Politikern nicht noch eine weitere Plage heranwächst, uns den Alltag zu vermiesen. 0,0 Promille am Steuer, las ich gerade, fordert ein allseits im medialen Abseits dahinmodernder Politiker aus Sachsen-Dingsbums. Warum nicht gleich ein Volksbegehren für Minus 0,5 Promille?

Ich bin dabei, ist ja dann noch sicherer für alle und für Kinder und für den Planeten sowieso.

Sexsucht

Da lob ich mir den Alkohol

Wer etwas auf sich hält als Mann heutzutage, der ist sexsüchtig. Tiger Woods, Mark Owen, Jesse James sind es und selbst der welke Michael Douglas rammelt angeblich noch alles weg, was ihm vor die schründige Flinte kommt. Sexsucht ist *très chic*, der Beluga unter den erotischen Störungen. Erst als Jörg Kachelmann sich in den Olymp der Vielficker hievte, ahnten alle Otto-Normal-Einenwegstecker, wo das wirkliche Problem bei der Sexsucht liegen könnte. An-

MODERNES DASEIN

ders als beim Alkohol gibt's die Droge nicht an jeder Tanke oder Trinkhalle. Will heißen, es braucht so was Ähnliches wie eine Frau, damit der Testosteron geladene Suchtbolzen zum Einsatz kommt. Und so wenig wir uns – gleich welchen Geschlechts – überhaupt einen halbwegs erträglichen GV mit Jörg Kachelmann vorstellen können, so glauben wir, dass sich der alte Wetterzausel genug spaltbares Material auf legalem Wege besorgen könnte, um seinen Apparat ständig zu zünden. Und siehe da, so ist es nämlich auch gar nicht bestellt mit der Sexsucht. Die wahrhaft darunter Leidenden fiedeln sich täglich bis zu fünfzig Mal linkshändig einen von der Palme, während sie mit der anderen Hand durchs feuchte Internet stromern. Sexsüchtige ähneln weniger den charmanten Frauenaufreißern im Film, sondern mehr den gelangweilten Gorillamännchen im Zoo, die ständig an ihrem Pillermann rumzuppeln, weil sonst nix los ist. Drum ist auch des sexsüchtigen Menschen liebster GV-Partner er selbst und kaum ein Promi würde sich wohl großkotzig als masturbationsabhängig in den Medien präsentieren.

Und noch etwas gibt es, das die Sexsucht zum wenig medientauglichen Defekt werden lässt: Deren Vertreter sind nicht die hellsten unter der Frisur. Hatten wir uns aber auch schon gedacht: Wer die Spielregeln von Halma oder World of Warcraft nicht begreift, für den bleibt das Gefummel am eigenen Wurm immerhin als intellektuell wenig fordernde Alternative. Und auch wer Sex als zwischenmenschliches Phänomen nur vom Hörensagen kennt, der kann getrost in den eigenen Schlüpfer greifen, denn wer da wohnt, der kann nicht weg. Summa summarum darf man behaupten, ist vom anfänglich neidischen Blick auf den Sexsüchtigen nichts übrig geblieben: Es ist kein Womanizer, sondern ein manischer Wichser. Aber auch das fordert ja den ganzen Mann.

Langlebige Konsumgüter

Indianer unter den Geräten: ausgerottet!

Kleiner Rückblick ins Konsumentenmuseum, dort, wo Oma und Opa noch »auf etwas gespart haben«. Heute, da jede unterfinanzierte Prekarier-Brutstätte ohne Probleme einen fünfstelligen Kredit für Mediaschrott bekommt, reicht die Lebensdauer des Produkts selten bis zur Privatinsolvenz des Käufers. Der Begriff »langlebige Konsumgüter« ist deshalb aus dem Wortschatz der Marketing-Verbrecher verschwunden. In der Zeit des Wirtschaftswunders waren für den Erwerb eines Mittelklasse-UKW-Radios ein bis zwei Monatsgehälter auf den Tisch des Fachhändlers zu blättern, zehn Jahre später kostete die Schwarz-Weiß-Flimmerkiste noch genauso viel. Und wer sich zur Fußball WM 1974 die erste Bunt-Glotze gönnte, entschied sich für eine Investition, die mindestens die nächsten fünfzehn Jahre überdauern sollte. Waschmaschinen, Gefriertruhen, Kühlschränke, Automobile, ja sogar Fahrräder – darauf sparte man oft jahrelang, und wenn man sie dann endlich besaß, erfreuten sie sich hoher Wertschätzung und sorgfältiger Pflege beim stolzen Besitzer. Heute haben sogenannte Modellpflege – neudeutsch Facelifting, das sagt eigentlich schon alles –, fragwürdiger

MODERNES DASEIN

Innovationsdrang und immer neue Öko-Standards alle langlebigen Konsumgüter zu Wegwerfprodukten degradiert. Im kurzen Zeitfenster des Verweilens beim Verbraucher stehen sie ungeliebt und vernachlässigt im Wege rum, denn jedes bereits gekaufte Produkt versperrt den Zugang zu neuer Konsumlust. »So ein Mist, wir haben schon acht Fernsehgeräte, wo passt denn da die neue HDTV-Dreambox noch hin? Hoffentlich geht eine Glotze kaputt, dann ist wieder Platz.« Man stelle sich vor, ein Restaurant servierte Speisen, von denen man alsbald reihern müsste, damit wieder Platz ist für neues Fressen. So muss man sich die heimliche Allianz zwischen Verbraucher und Hersteller vorstellen: Beide freuen sich, wenn die Geräte rechtzeitig mit Ablauf der Gewährleistungspflicht ihr Leben aushauchen. Denn im RamschiMega-MediaMarkt warten schon die neuen Daddelkisten auf verblödete Konsum-Morlocks, die sich jeden Scheißdreck in ihren zugefurzten Living-Container schleppen. So wird alles immer schneller durch den Verdauungsapparat gedrückt, bis die Scheiße zum Himmel stinkt. Na bitte, dann haben wir's ja bald geschafft.

Lösungen

... von Problemen, die man gar nicht hat

Kann man den Klimawandel stoppen, gibt es bald einen Impfstoff gegen die FDP, sollen die Taliban Hartz IV beziehen? Nirgends eine Lösung in Sicht! Nur dort, wo vorher gar keine Probleme existierten, gibt's Lösungen zuhauf. Die optimale Gäste-Sofa-Lösung beispielsweise bietet ein süddeutscher Polstermöbelhersteller an. Zu welchem nicht genannten Problem könnte dieses rosa Klappmöbel wohl die Lösung darstellen?, sinnierte ich sogleich. Na ja, vielleicht hasst man andere Menschen generell, besonders solche, die unter dem Vorwand, enge Freunde zu sein, über Nacht bleiben. Oder man hat häufig andersgeschlechtlichen Besuch nach zweiundzwanzig Uhr und hofft, diesen nach erfolgreicher Batida-Betankung zu bespringen. Doch ach, das Gästesofa ist zu bequem und so hübsch anzusehen, dass der Besuch sein Lager lieber dort aufschlägt, statt in der gastgeberischen Furzgrube sein Geschlechtsteil unentgeltlich feilzubieten. Nun, dem Problem kann begegnet werden, denn es gibt ja jetzt die »optimale Gäste-Sofa-Lösung«, der schreiend hässliche, brettharte Klapperatismus, auf dem es keiner auch nur eine Minute aushält. Wer hätte nicht schon längst nach der endgültigen Gardinenlösung fürs Wohnzimmer gefahndet, ohne das dahinterstehende Problem auch nur zu erahnen. »Wir haben die perfekte Rentenlösung für Sie«, inserieren zwielichtige Versicherer ihre fadenscheinigen Angebote. »Passgenau abkratzen« fällt mir dazu ein, perfekter geht's

MODERNES DASEIN

ja kaum, wenn man's kombiniert mit nichtgezahlten Beiträgen. Ob Rente, Tütensuppen, Vorhangstoffe: Überall dort, wo man mit Lösungen wirbt, gilt es, Vorsicht walten zu lassen. Besonders wenn noch ein Attribut hinzukommt. Banken, und Finanzsuboptimierer werben gern damit, für jedes Opfer eine »maßgeschneiderte Lösung« bereitzuhalten. Schön, wenn man dann auch ein maßgeschneidertes Problem hat, wie etwa »Ich hab kein Geld, will es aber haben, und zwar pronto«. Seltsamerweise bleibt dann die maßgeschneiderte Lösung aus. Schlimmer noch wird's, wenn die Bürobedarfskrämer zum finalen Marketingschuss ansetzen. Ein Rechner ist ein Rechner, zwei mit Kabel dazwischen schon eine Business-Solution. Da schieb ich dann doch lieber einen Analogfleischrohling in den Schrippenheizer, die perfekte Schnitzel-passt-sonst-nicht-in-den-Toaster-Lösung, die Don't-call-it-Schnitzel-Solution – oder ich säg mir ein Loch in den Stuhl, dann muss ich nicht extra aufstehen um selbigen abzuseilen, quasi die maßgeschneiderte Ich-bleib-beim-Kacken-vorm-Fernseher-sitzen-Lösung.

Gemütlicher war's, als es nur die Gum-Solution für das Loch im Fahrradschlauch gab. Damit konnte man Vulkanisieren, also mit Lava überschütten – oder was war das noch mal?

Pommes, Pils und Remmidemmi

Sommerfreuden der einfachen Leute

Sonne und Wasser, das ist der Inbegriff des Sommers – denken zumindest die unverbesserlichen Romantiker. Für den normalen Kothersteller wird erst ein Schuh draus, wenn Pommes, Pils und Remmidemmi dazukommen.

Kein Seeufer, kein Meeresstrand, an dem sich nicht bei sommerlichen Temperaturen diese ekelige Vollhorstbelustigung breitmacht. Zu den Basics gehören aufgeständerte Brüllkisten, die weit jenseits ihrer Nennleistung den Platz mit musikalischem Dauerfeuer bestreichen. Ist die Anrainerwasserfläche mindestens halb so groß wie ein Aldi-Parkplatz, herrscht Fischbrötchenzwang am Ufer. Überschreitet ein Kiesteich die magische Ein-Hektar-Größe, gründet sich sofort ein Shanty-Chor am Rande und feiert dort jede Woche Hafengeburtstag. Das Wasser zieht sie magisch an, die Freizeitlegastheniker der Republik. Wissen sie auch sonst nichts mit sich anzufangen, so haben sie zumindest mal im Fernsehgerät gehört, dass man in einem See baden kann. Sind sie dann dort angelangt, fällt ihnen ein Stein vom Herzen: Da ist ja gar keine blöde Natur, sondern Rambazamba mit Fressen und Saufen: toll. Und Baden muss man auch nicht, dafür darf man aber ganz legal mit entblößten Biertitten im Restaurant sitzen und ein Riesenschnitzel Müllerinart in sich reinschaufeln. Die bleichen Kackstelzen spielen unterm Tisch verträumt mit den Adiletten und Mama frisst Fisch. Hier

39

MODERNES DASEIN

kommen noch ein Weizen und ein Batida, Frollein. Draußen formiert sich eine neue bewaffnete Entertainment-Einheit: Der Spielmannszug der Gemeinde nutzt die Gunst der Stunde für eine gnadenlose Zwangsbetrötung der Sommerfrischler. Die Kiesteichkommune hat auch sonst alles aufgeboten, was nur entfernt nach kultureller Eigenleistung riechen könnte. Kegelrobben in Johanniter-Uniform verbimmeln Blechkuchen und Kaffee. Hamse auch Latte? Dann wären das zwei! Unterm Baumarktbaldachin bietet der Frauenkreis Einrichtungsgegenstände für Geisterbahnen an – doch nein, es sind Trockenmumiengestecke in angepinselten Autoreifen – wie hübsch. »Probieren Sie doch mal einen heimischen Pötersprenger, Steckrübenschnaps hier aus der Gegend.« Mosaike aus kaputten Badezimmerfliesen, der Puff in Barcelona eins zu fünfzig aus Kronkorken nachgebaut. Da vergisst man schnell, dass man eigentlich einen schönen Sonntag in der Natur verbringen wollte. »Wollen wir denn nicht wenigstens einmal runter zum Wasser, Papa, wenigstens mal gucken.« – »Ach nö, komm, ich mach Foto mitte Digi-Cam, die hat Achtfach-Zoom, können wir uns zu Hause schön gemütlich aufn Fernseh von nahe angucken, den Wasser.«

Na gut!

LEBEN PUNKT ZWEI

Das iPhone

Von Menschen, die sich einen Bildschirm ans Ohr halten

Der Apple-Rechner-Besitzer oder Mac-User ist seinem Selbstverständnis nach Herrenreiter unter den Computernutzern. Den Rest, immerhin die neunzigprozentige Mehrheit, betrachtet er vom hohen Ross herab als einen Haufen verblödeter Bauerntölpel, der auf die leeren Versprechungen des Scharlatans Bill Gates hereingefallen ist. Wie alle arroganten Tribalisierungen aus der Warenwelt entspricht auch diese komplett der Wahrheit. Die Doofen aus den MS-DOS-Sümpfen trösteten sich jahrelang mit dem Wahlspruch jeder doofen Mehrheit: »Esst mehr Scheiße, denn 100 000 Fliegen können nicht irren!« Die Welt war also in Ordnung: Hier die kleine Gemeinde der Apple-Onanisten, dort das breite Volk mit dem Steinzeit-Rechner. Motto der einen: »Plug and Play«, das der anderen: »Warum macht er das jetzt nicht?«

Doch plötzlich, vor ein paar Jahren, war die Gemütlichkeit des Kalten Krieges dahin. Apple hatte den iPod herausgebracht und war damit aus dem selbstgewählten Reservat ausgebrochen. Jeder hatte nun so ein Ding, selbst Bill Gates. Apple wurde immer popularer, errang größere Marktanteile und auf einem Mac konnte man sogar eine Windows-Oberfläche simulieren. Nur noch wenige amüsierten sich, da

41

könne man ja gleich eine Dacia-Logan-Oberfläche auf einem Audi simulieren. Selbst Microsoft lernte dazu und wurde auch für Nicht-IT-Masochisten eine Alternative. Die schöne Zeit des Dualismus schien dahin. Doch dann kam das iPhone zu uns herab, ein teuflisches Gerät, das sich als Mobiltelefon tarnte.

In Wahrheit handelt es sich dabei um eine völlig neue Klasse elektronischer Apparate. Das iPhone ist der erste »psycho-terminator« oder sagen wir ruhig Psycho-Terminator, denn es terminiert die Psyche, also begrenzt den Geist des Anwenders auf dessen Rolle als Peripherie für das Gerät. Um es auch für Bachelor-Absolventen verständlich zu machen: iPhone-Androiden plappern über nichts anderes als über ihr dämliches iPhone und fummeln häufiger daran rum als ein priapistischer Mönch an seinem Dauerständer. Sie betexten alle, die es nicht wissen wollen, mit neuesten Heldengeschichten aus der Welt der iPhone-Applications, zum Beispiel so: »Ey, lass mal, du musst nicht extra aus'm Fenster gucken, ich kann mir das Wetter auch mal eben runterladen.« Ständig wird man mit absurden Infos belästigt: »Wusstest du, dass es im Umkreis von 500 Metern drei Öko-Bäcker gibt?« Da ist man schon froh und dankbar, wenn der iPhone-Peripherie-Androide mal ein Viertelstündchen sein Plappermäulchen hält. Was dann doch recht häufig vorkommt, denn noch lieber als die Deppen um sich herum zu beglücken, knipst er Bildchen mit seinem Telefon und schickt sie rund um die Welt an andere seinesgleichen. Womit die geschlossene Mac-User-Apple-Welt dank iPhone endlich wieder gerettet ist.

Wiki-Wahn

Wärmetod der Infogesellschaft

Als Johannes Gensfleisch im 15. Jahrhundert den Buchdruck mit beweglichen Lettern erfindet, öffnet er die Büchse der Pandora verbreiteten Schwachsinns. Damit erst gar kein Zweifel über Sinn und Frommen dieser Erfindung aufkommt, wird die Bibel das erste Produkt. Seither ist allerdings auch viel Wahres und Schönes als gedrucktes Wort erschienen und nicht zuletzt hat es weite Teile der Weltbevölkerung in den Stand versetzt, sich ihrer Murmel zu bedienen. Die Dialektik des schriftlich codierten Wortes bringt es mit sich, dass mit jedem Innovationsschub bei der Verfügbarkeit der Schwachsinn stärker zunimmt als das ernsthaft bemühte Wort. Jüngstes Beispiel dieses universellen Gesetzes vom Wärmetod der Wahrheit ist Wiki-Dingsbums.

Kann man bei Büchern und Zeitungen schon an Titel und Verfasser in etwa einschätzen, welcher Grad von Irrsinn einen erwartet, verwirbelt in der Wiki-World Wahres und Einbildung zu einer nicht mehr fassbaren Infowolke. Wikipedia ist das wahllos angehäufte Wissen des Ameisenhaufens, und ebenso wie die Ameisen nicht den Buchdruck erfinden werden oder in den nächsten Millionen Jahren zum Mond fliegen, wird man bei Wikipedia jemals einen neuen oder abseitigen Gedanken finden. Oder um es anders zu formulieren: Wäre Wiki vor dem Buchdruck erfunden worden, könnten wir zwar heute Ablassbriefe online kaufen, aber die Reformation wäre wohl ausgeblieben. Seit neuestem bohrt sich der

Wiki-Wurm nicht nur ins allgemein zugängliche Wissen, sondern zapft vermeintlich geheime Dateien an – und aus dem Leck sprudelt der Schwachsinn millionenfach hervor. Beeindruckend ist neben der ungeheuren Banalität des angezapften Inhalts die Leichtigkeit seiner weltweiten Verfügbarkeit. Plötzlich kann die ganze Weltbevölkerung lesen, dass ein amerikanischer Botschafter Angela Merkel für teflonbeschichtet hält. Da müsste man schon den umgefallenen Sack Reis in China anrufen, um den Grad der Unwichtigkeit dieser Information zu illustrieren. Aber weil *the medium* immer noch die beste *message is* und WikiLeaks die Online-Bibel der Bescheidwissenwoller, werden aus Botschaftsuntersekretärfürzen plötzlich Staatsaffären. Ganz besonders pessimistische Auguren murmeln schon davon, dass WikiLeaks Kriege auslösen könne. Warum nicht, der Buchdruck der Bibel hat ja auch mittelbar zum Gelingen des Dreißigjährigen Krieges beigetragen.

Noch 'ne App

Und ich bin endgültig blöd

Die Kamera im Telefonhörer war der erste Schritt zur kompletten Bewaffnung des Pöbels. Seither fotografieren die Doofköppe nicht nur das eigene Gesocks, sondern einfach alles. Bei dieser Form der Schleppnetz-Knipserei ist nicht selten ein dicker Fisch darunter und sogenannte »Leser-Reporter« zeigen uns den fetten Arsch von Lady Balla-balla, bevor er von Photoshop geliftet wurde. Welch fundamentale Erkenntnis einer freien Kommunikationsgesellschaft.

Die nächste Stufe der Eskalation war die Möglichkeit, bewegte Bilder mit dem Telefonhörer aufzuzeichnen. Diese zweifelhafte Errungenschaft bescherte uns das Idiotenportal YouTube und vernichtete mit links einhundert Jahre Bildsprache des Films.

Der dritte und bislang jüngste Schritt der Ausstattung des gemeinen Volkes mit Massenverblödungswaffen sind die Smartphones. Neben den bekannten Funktionen wie Klingeltongenerve, ständiges Geknipse und stundenlanges Gequatsche mit Nichtanwesenden in der Öffentlichkeit sind jetzt neu: in den Telefonhörer reinglotzen, ihn dauernd abfummeln und ihn wie ein Laserschwert in der Luft hin- und herdrehen. Wenn man Letzteres beobachtet, hat der Bio-Appendix entweder gerade den Raum ausgemessen oder zum Beispiel eine App mit Lautstärkemesseinheit aktiviert. Dreht der Nachbar seine Anlage zu weit auf, kein Problem: Telefonhörer aus'm Fenster halten: Aha, sechsundvierzig Dezibel nach zweiundzwanzig Uhr, gleich mal in den Anschissbriefkasten vom Bullen-Server posten und wieder einen zur Strecke gebracht! Morgens nach durchzechter Nacht im Bett den abgerammelten Torso neben einem nicht wiedererkannt? Null Problemo: iPhone inne Fresse halten und die Gesichtserkennungs-App vergleicht die müde Visage mit zweihunderttausend Fratzen auf dem Single-Portal Resteficken-VZ: »Guten Morgen, Jessica.«

So hat die Aufrüstung der RTL2-Menschen mit Hochtechnologie deren Bereitschaft zur Nutzung des eigenen Hirns nochmals gesenkt. Im Smartphone wird der Brägen outgesourct. Doch es ist wie mit allen technischen Errungenschaften: Die Schlauen, Schnellen und Gewieften werden noch besser, die Blöden und Fetten noch blöder und fetter. Da wird es mal Zeit für eine App, die Fragen stellt und Probleme aufwirft, statt vermeintliche Lösungen durch ein bisschen Gefummel auf dem Touchpad anzubieten. Vielleicht können dann nach einigen Jahren wieder sechzig Prozent aller Schulabgänger lesen und mehr als ein Viertel fehlerfrei geradeaus sprechen. Äh, oder wie öh, genau ey, Hammer ey!

Die Magie des Buches

Wer schreibt, der bleibt

Die drei berühmtesten Bücher der Welt: *Die Bibel. Der Koran. Mein Kampf.* Wer schon mal in einer der Schwarten rumgeblättert hat, weiß: Da bleibt man nicht unbedingt bis zum Schluss mit roten Ohren bei der Stange. Die *Bibel* ist über weite Strecken langweiliger als ein Telefonbuch, die zahlreichen darin vorkommenden Personen kann sich kein Schwein merken, und als endlich Zug in die Story kommt, stirbt der Held. Gerade deswegen heißt der Kracher auch »Wort Gottes«, denn sonst würd's ja keiner kaufen. Den gleichen Marketingtrick verfolgen die Herausgeber des *Koran*, auch dieser Schinken ist heilig und deshalb ganz weit oben in der Bestsellerliste. Was drinsteht, weiß ich nicht, denn den

Koran selber hab ich nicht gelesen, wie man früher im Germanistik-Seminar kryptisch formulierte. Bleibt noch der dritte im Bunde: *Mein Kampf,* der ist nicht heilig, sondern noch besser: bei uns verboten, sozusagen die teuflische Seite der Anbetung, aufgrund dessen zwar schwer verfügbar, aber berühmt wie Otze, wenn ich das mal so salopp formulieren darf. Hätte Hitler sein verblödetes Geschwurbel als Datensatz fürs iPad hochgewürgt, der Mist wäre längst vergessen, aber – und da sind wir endlich im Thema: Trotz elektrischen Lesevergnügens haftet dem gedruckten Wort etwas Magisches an, den Schriftreligionen des Orients sei Dank. Auf den Schultern dieser Riesen können auch heute noch ein Sarrazin, ein Botho Strauß, selbst ein seniler Günter Grass stehen und so klein auch ihre Erkenntnisse sind, wirken sie dennoch provokant, weil sie in dem magischen Medium erscheinen.

Wir alle werden es nicht mehr erleben, dass ein Provokateur vor hundert Journalisten einen USB-Stick hochhält mit seinen wirren Gedanken drauf. Das Buch als Symbol der formulierten Stellungnahme zu was auch immer ist unsterblich. Drum gebührt ihnen allen Dank: den frommen Nachdruckern des Neuen Testaments, das in den Hotelschubladen lauert, den *Koran*-Bimsern in den Moscheen und natürlich dem Verfassungsschutz, der darauf achtet, dass *Mein Kampf* weiter verboten bleibt. Sie alle haben sich verdient gemacht um die Lesekultur. Und wenn sich itzund sogar die Bundeskanzlerin herablässt, den Inhalt eines Buches aus ihren Fürbitten auszuschließen, so ist es ein weiteres Zeichen dafür, dass die gute alte Schwarte noch nicht tot ist. In einem Lesegerät kann man schließlich keinen einzigen Gedanken formulieren, der irgendjemanden interessiert. »The medium is the message«, sagte Marshall McLuhan schon 1967 und da gab's noch gar kein iPad.

Stecker

Old School Bluetooth

General Schukow hat nicht den gleichnamigen Stecker erfunden, sondern wird sowieso ganz anders ausgesprochen, und als Russe interessierten ihn funktionierende Steckverbindungen sowieso nicht. Der gute alte Schutzkontaktstecker ist ein Klassiker, der seit Mitte der zwanziger Jahre von Deutschland ausgehend in vielen Ländern Europas seinen Dienst tut. Man wundert sich fast, dass er noch nicht von der EU verboten wurde, zumal ja seine fehlende Verpolungssicherheit und die Möglichkeit für Kinder, sich mit Hilfe einer Stricknadel ins Nirwana zu schmoren, eine nicht geringe Angriffsfläche bieten. Er ist halt ein alltäglicher Freund, der zusammen mit seiner Konkubine, der Schukodose, seit neunzig Jahren problemlos funktioniert. Das kann man von vielen, die nach ihm kamen, nicht behaupten.

Hassobjekt erster Ordnung ist die Scart-»Verbindung«, denn letztere kommt selten genug zustande. Diese Steckernorm hat sich der Franzos ausgedacht und ist deshalb ein genauso flüchtiger Kontakt wie eine Nummer im Bois de Boulogne. Scart steht für *Syndicat des Constructeurs d'Appareils*

Radiorécepteurs et Téléviseurs – viel nasales Geschwurbel um eine beschissene Strippe zwischen Videorecorder und Glotze.

An zweiter Stelle der vielgehassten Kabelanschlüsse steht für mich der TAE-Stecker, die TelekommunikationsAnschluss-Einheit, eine in Deutschland früher verbreitete Fummeldose, die nach der Liberalisierung des Fernsprechendgerätemarktes verschwand. Nachdem jeder ein eigenes Telefon nutzen durfte und nicht die alte Plastekiste von der Post, war diese TAE-Fummelverbindung die Norm, aber es gab die lustigsten Belegungen der sechs Pole und mit etwas Gewürge konnte man das Faxgerät da andocken, wo es garantiert nicht mehr funktionierte.

Platz drei der ekligsten Stromkontakte hält in meiner Liste unangefochten alles, was in einen Rechner rein- oder aus ihm rausgeht. Entweder sind sie gesäumt von Dreharretierungsstiften, die für Hamsterpfoten erdacht wurden oder sind insgesamt so winzig, dass sie im Arschloch einer Stubenfliege schlackern würden – demnach ruckzuck kaputtgehen. Eine eigene Liga der bekloppten Steckverbindungen stellen die Koaxial-Pole der Ladegeräte dar – hundert Normen, an sich ja ein Widerspruch – für ein und dieselbe 12-Volt-Verbindung, wie bescheuert kann die Moderne eigentlich noch sein? Wäre Gott ein Japaner, hätte er den männlichen Penis in eine doppelte Cinch-Verbindung aufgesplittet; wäre er Franzose, leierte die Buchse schon nach einmaliger Verwendung aus, und als Amerikaner hätte der Schöpfer den Wurm als Western-Union-Stecker ausgebildet, schön mit Plastikclip zum Arretieren. Ich glaube, Gott ist ein Schimpanse, denn das männliche Glied ist doch eher ein Bananenstecker.

LEBEN PUNKT ZWEI

Nix mehr verpassen

Mein Leben als Festplattenrecorder

Das Leben, soweit der momentane Erkenntnisstand der Forschung, ist ein höchst vergängliches Ereignis, und alles, was darin geschieht, singulärer Natur. Der Mensch als jemand, der sonst nichts hat, versucht sich mit allen Mitteln dieser Vergänglichkeit entgegenzustemmen – sei es in Form der Cheops-Pyramide oder des Festplattenrecorders. Glaubte der Ägypter noch, als Plastinat in der Riesensteintitte bis zum Sankt-Nimmerleins-Tag überwintern zu können, gibt sich der moderne Leugner der Verwesung bescheidener. Er weiß zwar, dass bei ihm irgendwann das Licht für immer erlischt, möchte die Zeit seiner Anwesenheit im Hiersein aber frei gestalten, sagen wir mal, mit achtzig noch Vater werden oder die »Lindenstraße« gucken, wann es ihm passt und nicht, wann es der ARD geruht, sie auszustrahlen. Geprägt durch jahrzehntelange Wiederholungspraxis bei den Fernsehanstalten, glaubt er sowieso nicht mehr daran, dass all Ding seine Zeit hat wie noch in der *Bibel*. Spätestens nach dreimal Weihnachten mit »Stirb langsam«-Filmen ist für ihn das ganze Leben ein Murmeltiertag. Warum dann nicht selbst in die Tasten des Daseins greifen und bestimmen, wann was geschieht? Das Fernsehen, der große Lehrmeister, hat uns gezeigt, wie man auf moderne Art sein Leben lebt. Nicht wenn etwas kommt, wird's angeschaut, sondern wenn die ganze Staffel auf DVD erscheint, oder dann auch gar nicht mehr. Früher sagte man noch: Leben ist das, was geschieht, wenn man was anderes plant. Das war eine pessimistische, aber immerhin zukunftsorientierte Einsicht. Heute ist Leben bestenfalls das, was heimlich weiterläuft, wenn man die Fotos vom bereits weggelebtem Leben auf dem Rechner neu sortiert, die Filme auf den Festplatten löscht, die man doch nicht gucken kann, sich aus dem Netz runterlädt, was gestern wichtig war. Modernes Leben läuft auf die komplette Abschaffung der Gegenwart hinaus. Es ist nicht mehr wichtig, wann etwas geschieht, denn es ist unendlich wiederholbar und kann im Netz noch über Jahre abgerufen werden. Immer mehr Menschen brauchen drei Leben: eins zum Aufnehmen, eins zum Ordnen und das letzte zum Anschauen des Aufgenommenen. Dabei ist jeder Blick in die Vergangenheit, ob auf ein Foto oder einen Film, ein Blick in den eigenen Tod, in eine Zeit, die nicht mehr wiederkehrt. Verloren geht dabei die Gegenwart und das Bewusstsein, dass es der Augenblick ist, den man zum Verweilen sich wünscht und nicht die Wiederholung.

Foren

Das komplette Nichtwissen der Menschheit

Egal, ob man den Ankauf eines neuen Opels in Erwägung zieht oder, fast so schlimm, an okkultem Afterjucken leidet – für alles gibt's ein Forum. Für den Neuling im jeweiligen Special-Interest-Gebiet – nehmen wir mal die heimliche Rektumsräude als Beispiel – ist es nahezu unmöglich, seriöse

LEBEN PUNKT ZWEI

Informationen von gequirltem Egogeseiere zu unterscheiden. »Isse nu ansteckend«, »Isse heilbar«, »Befällt sie auch den Wurm«, platzen beim Forzen die Bläschen auf, und all das will diskutiert sein im Forum, wenn der Personaleingang juckt. Doch je weiter man sich einliest, desto mehr keimt die Erkenntnis: In der Klapse gibt's einen WLAN-Hotspot.

Verrückte mit abenteuerlichen Auffassungen von der deutschen Rechtschreibung rotzen Meinungsfetzen auf jede Website, etwa der vom »ZweitaktFreundeForum«. Neben den Anhängern ostzonaler Feinstaubgiganten verirren sich auch dyskalkulatorische Walzerfreunde auf die Seite, und es entspinnen sich daraus Dialoge voll abenteuerlicher Missverständnisse. Die Möglichkeit, sich anonym zu äußern, ermuntert dabei nicht nur zu hanebüchenem Blödsinn, sondern zuallererst dazu, sich einen behämmerten *nom de plume* zuzulegen: ViagraHeinzi, RiesenRiemen, Hackfresse45 sind noch die harmlosesten. Zu allem und jedem haben diese Experten eine Antwort: Will man endlich wissen, worin denn der verdammte Sinn des Lebens besteht, offeriert allein Google über eine Million Websites. Fragt man weiter, ob es einen Gott gibt, befassen sich schon zwölf Millionen Seiten mit dieser nebensächlichen Frage. Die viel wichtigere Frage »Warum stinken Hunde im Regen?« wollen dagegen nur 64 000 Beiträger beantworten. Das ganze Nichtwissen der Menschheit liegt einem im Netz zu Füßen. Wollte man dessen Beliebigkeit und Fragmentarismus in ein Gemälde gießen, müsste man die größte Bibliothek der Menschheit eine Tausendstelsekunde nach ihrer Explosion malen – alle Bücher sind noch heil, aber eiern schon orientierungslos durch den Äther.

In den Foren geht's noch härter zu. Wer dort Rat sucht, ob

sich etwa die Anschaffung eines bestimmten Produktes womöglich lohnt, der sieht sich einer Armada von bescheidwissender Miesepetrigkeit gegenüber. Es fängt meist ganz harmlos an: »Ich bin neu hier in diese Forum und hätte mal gern gewusst, ob man sich ä neue Opel kaufe tun sollte.« Darauf haben die Wölfe nur gewartet und zerfetzen den Rüsselsheimer mit Worten, wie es selbst dieser nicht verdient hat.

Drum hüte dich vor den Pseudo-Bescheidwissern im Netz und vertraue lieber noch dem eigenen Arsch als Experten, denn bei Misserfolg kann man immer jemanden bitten, in denselben reinzutreten.

Alles elektrisch

Wenn der iPet den Hamster macht

Die Zahnbürste, der Rasierapparat – sogar bei der Nassrasur –, der Dosenöffner, das Messer und Muttis Muschi-Quirl: Das ganze Leben läuft nur noch mit Strom. Kam früher der Saft fürs Telefon noch über die Leitung vom Fernmeldeamt, muss auch hier der Verbraucher heute selbst für elektrischen Nachschub sorgen. Das Handy, die Kamera, die Uhr, der Laptop, der Organizer – alle schreien nach Batterien, Akkus, und wollen ständig zurück ans Ladegerät. Wir haben uns dran gewöhnt, in den Urlaub einen Extrakoffer für Ladegeräte mitzuschleppen, wir finden es normal, dass Gäste, kaum dass sie unsere Wohnung betreten haben, sofort eine

LEBEN PUNKT ZWEI

Strippe zur nächsten Schukodose ziehen, um irgendeinen kleinen Schlitzikasten aufzuladen. Selbst die einfachsten Geräte, die ohne Strom sogar besser funktionieren, werden elektrifiziert. Das Thermometer, einst schlichte Quecksilbersäule am Küchenfenster, hängt heute weit entfernt am Gartenzaun, damit sich die batteriebetriebene Fernablese auch rentiert. Es britzelt nämlich nicht nur im Gerät, auch zwischen den Elektrokästen wird eifrig Energie hin- und hergefunkt. Die Fernbedienungen für TV und Garagentor, für die Standheizung im PKW, das Licht am Tulpenbeet, und wenn die Temperaturfühler starken Sonnenschein ertasten, fahren zwanzig kleine E-Motörchen die Fensterläden zu und schatten den Wintergarten ab. Wenn es kalt wird draußen, saugt die Wärmepumpe elektrisch heißes Wasser aus dem Erdinnern hoch. Und ab und zu sitzt die ganze elektrifizierte Familie im Elektro- oder Hybrid-PKW und brummt zu einer Demo gegen Atomkraftwerke, dann packen sich alle ans Patschehändchen oder halten eine Kerze in den Gegenwind. Ist grade kein Atommeiler zur Hand, reicht auch mal die Demo gegen ein Kohlekraftwerk – denn Elektrizität soll eine saubere Energie sein, aus Wasser, Wind oder Gänseblümchen-Biomasse. Es ist doch eklig, sich mit dreckigem Steinkohlestrom die Bikinizone zu epilieren.

Erst wenn wir die letzte Glühbirne in unserem Großhirn rausschrauben, werden wir merken, dass der Energiebedarf nicht sinken wird. Bald kann man auch ohne Strom kein Buch mehr lesen. Das aber ist gut, dann kommt auch keiner mehr auf dumme Gedanken, und wenn die Akkus vom iPad leer sind, gehen auch im Biorechner auf dem Hals endlich die Lichter aus.

ALLES ELEKTRISCH

Frau durch die Augen eines Mannes gesehen, verdeckt hinter oberer 25-Watt-Birne: Schalter für OBEN AUS.

DEUTSCHE SEHEN DICH AN

Kevin und Chantal

Oder wie ich meinem Nachwuchs ordentlich eins reinwürge

Vor einiger Zeit ging ich der bangen Frage nach, wann denn wohl der erste Bundeskanzler Kevin hieße. Nun, wir können wieder ruhig schlafen, denn die Antwort ist gefunden, und zwar von einem Forschungsprojekt der Universität Oldenburg und lautet: Nie! Niemals wird es ein Kevin bis ins zweithöchste Staatsamt schaffen. Weil – so die Studie – den Kevins, Chantals und Justins schon von ihren Lehrern in der Grundschule mit Vorurteilen begegnet wird. Recht so!, will es da in uns zustimmen, denn wenn auch die Kleinen nix dafür können, dieses Vorurteil steht wie Beton: Die Eltern von Chantal und Kevin sind definitiv nicht die hellsten, in den Sechzigern hätten sie ihren Nachwuchs Lassie oder Flipper genannt.

Die Studie hingegen zieht eine andere Schlussfolgerung. Sie möchte die Lehrer so weit umerziehen, dass sie den Fabienne-Jessicas und Keanus vorurteilsfrei gegenübertreten. Hätten sich die akademischen Laiendarsteller ein wenig tiefer in das Gehirn eines normalen Säugetieres eingelesen, wüssten sie, dass dessen Reaktionen fast ausschließlich auf Vorurteilen beruhen. »Was ist groß, gelb und kommt rasend schnell auf mich zu?« Da konnte schon der Savannenbewohner nicht lange nachdenken, ob es vielleicht ein Kevin ist, nein, sein Vorurteil sagte ihm, hoppla, das ist der Löwe. Und flugs erklomm er den nächsten Affenbrotbaum und wurde nicht gefressen. Vorurteile retten Leben, helfen sich zu orientieren, verkürzen den Weg hin zu Entscheidungen. Dieses ewige Rumgehacke auf eine der Grundvoraussetzungen unseres Überlebens zeugt von einer gefährlichen Dämlichkeit. Selbst wenn wir wollten, könnten wir gar nicht »vorurteilsfrei« aufeinander zugehen. Komischerweise verlangt das auch niemand, wenn dieses Gegenüber ein Lonsdale-T-Shirt trägt und ein tätowiertes Hakenkreuz auf der Stirn. Will heißen, selbst die Forderung, wem man vorurteilsfrei gegenübertreten soll und wem nicht, ist voller Vorurteile. Da haben wir ihn mal wieder bei den Hinterbeinen, den moralischen Spinner mit seinen gutgemeinten und damit gefährlichen Ansichten.

Zurück zu Kevin und Chantal: Natürlich kann kein Lehrer so tun, als säßen ihm Sophie und Alexander aus der Bürgervilla gegenüber, zwei angehende achtjährige Absolventen der London School of Economics und schon jetzt eingebildet wie ein Stück glasierter Hundescheiße. Vielleicht entdeckt er aber gerade durch seine Vorurteile, dass Kevin und Chantal auf ihre kevinchantal-mäßige Art diesen auch einiges voraus haben.

Der Nordrhein-Westfale

Doppelnamen-Bundesbürger
zwischen Rhein und Weser

Die Deutschen sind mittlerweile das friedlichste Volk der Welt, denn anders ist die Existenz eines Gebildes namens »Nordrhein-Westfalen« nicht zu erklären. Dort leben gemeinsam in stiller Eintracht zwei so unterschiedliche Entwicklungsstufen des Homo sapiens wie der Rheinländer und der Westfale. In der großen Flussniederung hat sich ein vermoderter Menschenschlag angesiedelt, der es für das höchste Glück auf Erden hält, im Winter besoffen durch zugemüllte Innenstädte zu torkeln. Die andere Hominiden-Spezies im Land steht kurz vor dem Erlernen der Sprache, behilft sich aber mehr recht als schlecht mit Grummeln und Gebärden. In den Sümpfen am Rhein, namentlich in dessen verruchter Metropole Köln, erfand Karl-Theodor Schwulinksi 1873 die nach ihm benannte Geschlechterpräferenz. Noch heute erfreut sich der frauenreduzierte Genitalkontakt dort einer ausgesprochenen Beliebtheit. Kein Wunder, dass auch das bundesdeutsche Fickel-TV in Köln seine Heimat fand. Weiter stromabwärts liegt die dröge Landeshauptstadt Düsseldorf, umringt von hässlichen Industriestandorten mit naturgemäß verpickelten Einwohnern, sodass sich das Sexualleben der Düsseldorfer kaum bis ins Umland erstrecken dürfte. An Sex – also selbsterlebten – beim Westfalen auch nur zu denken scheint dagegen völlig absurd, besonders zu Zeiten, wenn der Pfarrer seinen freien Tag hat. Damit die gegensätz-

DEUTSCHE SEHEN DICH AN

lichen Populationen der Ulk-Mutanten und westfälischen
Hobbits nicht ständig aneinandergeraten, hat man einen Si-
cherheitskordon aus assimilierten Polen dazwischengelegt,
das sogenannte Ruhrgebiet. Koselowski und Sontowski lebten früher ganzjährig unter Tage. Aus dieser Zeit stammt die
Erfahrung der niedrigen Stollen, die in den Berg getrieben
wurden. Noch heute legen Atze und Kalle ihre Autos tiefer,
als müssten sie demnächst einfahren und eine Kohlen-Lore
durch die Zeche Ewald III ziehen. In den Randgebieten des
merkwürdigen Bundeslandes, das von seinen Insassen nur
Ännäweh genannt wird, leben noch Sauerländer und eine
Art Berghessen in der Eifel. Das Sauerland wurde einst vom
Holländer als Naherholungsgebiet gegründet und dient deutschen Kegelclubs als günstige Absteige zum Quervögeln.
Das Seltsamste aber am ganzen Land Ännäweh ist die hohe
Bevölkerungszahl: 18 Millionen Menschen – mehr als doppelt so viele wie in Niedersachsen, das aber doch erheblich
größer ist. Jetzt erst wird klar, warum Ännäweh komplett un-
terkellert ist und man seit Jahrzehnten versucht, durch den
Karneval die Einwohner wegzuekeln.

60

Nachruf auf die Herrentoilette im Hauptbahnhof Hannover

Wenn der Reisende aus Seelze oder Peine kommend, zum ersten Mal mit dem Hauptbahnhof hannoverschen Boden betrat, umwehte ihn sofort der verruchte Brodem der Metropole. »Hier«, dachte er, »hat Fritze Haarmann sein Mittagessen angesprochen.« HAM HAM dräute aus der finstersten Ecke des Gebäudes eine Reklametafel und gemahnte an den berühmten Anthropophagen von der Leine. Durchmaß der Reisende die große Wandelhalle unter den Gleisen, stieß er immer wieder auf Schächte, die den Blick freigaben in die Unterwelt des Bahnhofs. Drunten in der Passerelle wimmelten die lichtscheuen Morlocks hin und her, verkauften Käseecken oder Heroin – je nach Tageszeit. Eine Etage höher atmete der riesige Schlund Menschen ein und aus: Pendler aus dem Deister stolperten schlaftrunken ihren 630-Mark-Jobs entgegen, Fahrschüler schubsten sich zum Ausgang. Dazwischen immer wieder Braunschweiger, Kalmücken, finster dreinblickende Leute aus der Börde und bepackte Mütterchen aus den südlichen Mittelgebirgen. Der Hauptbahnhof Hannover verwirbelte sie alle zu einem bunten Völkergemisch. Hier, so erschien es dem staunenden Reisenden, ist der westliche Endpunkt der Transsibirischen Eisenbahn. Bestärkt wurde er in dieser Auffassung, wenn er männlich war und ihn eine volle Blase peinigte. Vergeblich suchte der Blick nach den schon damals DB-üblichen »Reisefrischcentern« oder »Mac Pinkel« und blieb schließlich haf-

ten an der guten alten Vignette, die den Mann mit den ge-
spreizten Beinen zeigt. Hier in Hannover arbeitete eine der
letzten großen Herrentoiletten dieser Republik. Da gab es
keine Schranke, die den Notdürftigen mit der fiebrigen Suche nach einem Markstück belästigte, da stand – wie es sich
gehört – eine Blechschachtel auf einem wackligen Stuhl. Das
Herzstück der Anlage war eine Krypta, die allein dem Urin
geweiht war. Er bestimmte die Kopfnote des Geruchs, unter-
füttert lediglich von einer olfaktorischen Basis hellgrüner
Chemiedüfte. Schritt der Urineur dann zum Eigentlichen,
erwartete ihn eine Wand weißer Porzellanmenhire, die in
nüchterner Strenge von einer längst versunkenen Kultur dort
aufgestellt wurden. Da behinderte keine verschämte Sicht-
blende den Blick aufs schrundige Genital des Nachbarn. Wer
hier blankzog, konnte nichts verbergen. Da wurde auch nicht
in stetem Drang nach fortschreitender Individualisierung
unserer Gesellschaft in solipsistische Becken gepinkelt, nix
da: Alle strullten in dieselbe Rinne. Hier galt der König nicht
mehr als der Bettler. Und alle, die da ihr Wasser abschlugen,
taten dies in dem Gefühl, an einem gemeinsamen Projekt
beteiligt zu sein. Facharbeiter oder Bankier, Arbeitsloser oder
Punk, ihrer aller Harn vereinigte sich am Boden zum großen
gelben Fluss, zum Jangtsekiang, der die weiße Halle im Nor-
den durchströmte. Für rückwärtige Bedürfnisse standen im
selben Raum zahllose Einzelkabinen bereit. Hier konnte der
müde Wanderer einen Moment von der Hast der Metropole
ausspannen. Den Zugang zu den Séparées regelte auch hier
keine kalte Automatik, sondern auf Anfrage schloss der Wär-
ter eine der Zellen auf. Gegen ein geringes Entgelt erhielt
man von ihm auch Handtuch und Seife und wurde in den

NACHRUF AUF DIE HERRENTOILETTE ...

Gebrauch des Waschbeckens eingewiesen. Es war vor allem dieses Fachpersonal, das den Zauber der ganzen Anlage ausmachte: Hutzelige Männer in den besten Jahren, die vor nichts Angst hatten, hauptsächlich nicht vorm Lungenkrebs. Sie saßen da und rauchten und husteten und rauchten. Bisweilen öffneten sie eine Zelle oder feudelten durchs Revier, doch dann saßen sie wieder da und rauchten und husteten und rauchten. Manchmal stellte sich auch Besuch ein: andere rauchende Männer, die in der Eingangsschleuse des Sanktuariums Bierdosen ausschlabberten. Praktischerweise war der Toilettenanlage ein Kiosk angegliedert, der die wichtigen Dinge des Lebens an Ort und Stelle feilbot. Doch irgendwann war die vollste Blase leer und der Reisende musste den verzauberten Ort zurücklassen. Voller Wehmut blickte er auf die rauchenden Männer und ahnte, dass auch dieser mystische Ort schon bald wie in anderen Städten von einer antiseptischen Anlage hinweggefegt würde. Mit der alten Herrentoilette verlor Hannover eines seiner großen Denkmäler.

DEUTSCHE SEHEN DICH AN

»Separate Toilette mit allem Pipapo«, hieß es im Hotelprospekt.

Das Wendland

Gelobtes Land des Widerstands

Wo ist es eigentlich richtig beschissen in Deutschland, wo möchte man, wie der Volksmund sagt, »nicht tot überm Zaun hängen«? Da fallen mir eine Menge Gegenden ein, da muss ich gar nicht lange überlegen, in der Tat hängt bei mir sogar eine Deutschlandkarte auf der Studierstube, in der alle ekeligen Landstriche geschwärzt sind, damit ich da nie wieder hinfahre – ein komplettes Bundesland ist sogar dabei, ansonsten sind die Schwärzungen relativ gleich verteilt über ganz Dschörmeni. Auf ein Nicht-tot-über-den-Zaun-hänge-Land möchte ich nun aber doch gesondert hinweisen, zumal es in nächster Zeit wieder prominent in den Medien erscheinen wird: Es ist das Wendland, genauer gesagt, das hannoversche Wendland, denn ein Rest lappt auch noch ein Stückchen in die Exzone rein. Landschaftsprägend ist die ost-hannoversche Kies-Endmoräne der Saale-Eiszeit. Unfruchtbare Böden, Wasserarmut, nur mit Mühe hält sich die Kiefer am Leben und vor der Erfindung des Mineraldüngers war hier komplett tote Hose. Hier hat sich über Jahrhunderte kein Mensch freiwillig angesiedelt. Ähnlich wie in die Gurkensümpfen an der Spree trieb man auch hier die slawische Urbevölkerung in die unwirtliche Steppe an den Ostrand der Lüneburger Heide. Was soll's, alles ging trotzdem seinen normalen Gang, die Leute waren arm, aber kamen irgendwie zurecht. Und da niemand sonst da wohnen wollte, wurden sie auch nicht dauernd überfallen. Das änderte sich erst in den

DEUTSCHE SEHEN DICH AN

70er Jahren des letzten Jahrhunderts, da entdeckte der Westberliner Inselmensch die karge Gegend als erste Anlaufstelle
auf dem kapitalistischen Festland, nachdem er das rote Zo-
nenmeer gen Westen durchquert hatte. Zausel, Aussteiger,
Kiffer und Kreative, Spinner, Beamte, Radioredakteure,
Künstler, Werbefuzzis und jede Form von Medienschaffen-
den besiedelten von nun an die slawische Pampa. In Dörfern
wie Waddeweitz, Dickfeitzen und Middefeitz und weiß der
Feitz wo sonst überall wurde an Kerzen geschraubt, Ökoge-
strüpp angebaut und wodurch man sonst noch den Tag tot-
schlagen konnte. Alles prima und schwer kreativ. Doch dann
gefiel es dem niedersächsischen Landesvater Albrecht Ende
der 70er Jahre, just dort im Reservat der Westberliner Tage-
diebe ein Atomendlager einzurichten. Pfui, Pfui, das tut man
aber nicht. Nun würde es wahrscheinlich niemandem gefal-
len, wenn in seiner Nähe verstrahlter Atomschrott verbuddelt
würde. Im Wendland hat es aber zu einer völligen Vernichtung des normalen Lebens geführt. Was viele Aktivisten der
Anti-Atombewegung als sinnstiftenden Schulterschluss der
Bevölkerung empfinden, erscheint mir wie der blanke Hor-
ror. Niemals möchte ich dort leben, wo allein der Wohnort
mich zu einer Stellungnahme zu irgendwas drängt. Entweder pro oder contra Atom, oder noch schlimmer: Wer nicht
contra ist, der ist automatisch dafür. Da zieh ich doch lieber
gleich nach Nordkorea, die sind auch gegen Atom, die wollen
den Mist sogar aus'm Land rausschießen.

Traurige Helden

Von Idolen und Idioten

31. August 1997, kurz nach Mitternacht: In einem Pariser Straßentunnel rast ein Mercedes mit hoher Geschwindigkeit und ein Fahrer mit 1,75 Promille Alk im Blut gegen einen Betonpfeiler. Alle drei Insassen tot, darunter auch die geschiedene Diana Spencer. In diesem Augenblick wurde aus der Ex von Charles mit der schicken Hundefrisur die »Königin der Herzen«, und ein säkularer Marienkult setzte ein, der die ganze Welt überzog. Lady Di wird zur Heldin, weil sie das Pech hatte, auf dem Rücksitz eines vollbreiten Chauffeurs in den Tod zu rasen. Seltsamerweise verblasste dessen Trunkenheit als Unfallursache sehr schnell in den Medien zugunsten einer vermeintlichen Hetze durch Paparazzi. Die Geschichte wiederholt sich nicht, es sei denn als Farce, spottete schon Karl Marx.

Sie sei die »Bischöfin der Herzen«, darf ich dieser Tage über Margot Käßmann lesen, die mit 1,54 Promille mit ihrem Phaeton durch Hannover brauste und sich von der Polizei dabei erwischen ließ. Das ist sicher weniger spektakulär als Paris und Betonpfeiler, dafür saß Lady Margot selbst am Steuer. Auch hier verblasste schon bald die Tat gegen die Suche nach anderen Schuldigen. So titelte die *Hannoversche Allgemeine:* »Wer hat am Ende geplaudert?«, und verdrehte Ursache und Wirkung auf überraschende Weise. Käßmann selber erwies sich als wahrer Profi der Mediengesellschaft und trat zurück. Denn hier gilt das Gesetz: Willst du eine schlechte Nachricht unterdrücken, hau einen größeren Klopper raus. Die Sache ging auf, alle Medien, sogar das halbamtliche Hämeblatt aus Hamburg, fielen darauf rein. Alle Welt bekundet ihr nur noch »Respekt«, Kinderchöre singen für sie, Kondolenzpinnwände hängen in den Kirchen. Am Wochenende wurde in allen Gemeinden ein Brief der Promille-Märtyrerin verlesen.

Die Helden des 21. Jahrhunderts fliegen nicht mehr in tollkühnen Kisten um die Welt, sondern sind schwach und lassen die Öffentlichkeit schamlos daran teilhaben. Dabei ist die Selbstkasteiung die geschickteste Art des Egozentrismus. »Ich bin über mich selbst erschrocken«, sagte Käßmann als erste Reaktion auf ihren Trip. Sich selbst als Fremdem gegenüberzutreten ist eine modische Attitüde, die man einem Mann nicht hätte durchgehen lassen. Man stelle sich diesen Satz mal von Oberst Klein nach der Bombardierung von einhundertfünfzig afghanischen Zivilisten vor.

Helden sind auch nicht mehr das, was sie mal waren: Wer mit einer Cessna sowjetisches Radar unterfliegt und auf dem Roten Platz landet, ist ein Spinner. Wer mit dem Phaeton besoffen durch Hannover fährt ein Idol.

Hannover

Die Stadt, die sie nach einem Pferd nannten

Die Revierkämpfe der deutschen Städte sind so alt wie eine nichtexistierende Hauptstadt. Deutschland hat eben kein Paris oder London als unangefochtenes Zentrum, sondern auch schon mal Worms, Weimar oder Bonn. Kein Wunder, dass sich jede Arschgeigen-Agglomeration über 'ne halbe Million Insassen etwas auf ihr Kaff einbildet. Was man im Ausland das unnachahmliche Flair einer Stadt nennt, heißt in Dschörmäni »Zitty-Makketing«.

Angefangen hat dieser Schwachsinn wohl in München, das sich schon sehr früh als »Weltstadt mit Herz« positionierte, wohl auch um die alte Nazi-Unterzeile »Stadt der Bewegung« loszuwerden, was ja wie der geschichtsinteressierte Laie vermutet, nichts mit Leibesertüchtigung zu tun hat. Auch Wolfsburg haderte mit seinem Titel »Stadt des KdF-Wagens« und Nürnberg wollte nicht mehr »Stadt der Reichsparteitage« heißen. Ja, selbst Wilhelm-Pieck-Stadt-Guben vertraute nicht darauf, dass kein Schwein sich mehr erinnert, wer denn Piecks Willi überhaupt gewesen ist. Hamburg nennt sich unverwandt seit hundert Jahren »Das Tor zur Welt« und wartet immer noch auf den ersten Treffer. Bis dahin ist alles »hanseatisches Understatement«, wahrscheinlich sogar das Abfackeln der Autos und das Gepöbel der St.-Pauli-Hominiden. Köln, die selbstbesoffenste aller Siedlungen, ist im Urteil ihrer Häftlinge die »italienischste Stadt Deutschlands«, dem Reisenden leuchtet der grammatikalisch gewagte Superlativ ein, wenn er nur an Pisse, Krach und Korruption, kurz: an Neapel denkt. Aber das weiß der Kölner alles selber und lacht darüber. Frankfurt ist nach einer jüngst veröffentlichten Liste die lebenswerteste Stadt Deutschlands – da muss ich erst mal Luft holen, und zwar außerhalb Frankfurts. Die Hessenmetropole am stinkenden Fluss nannte sich selber schon mal in ihrer Werbung »Frankfurt – Die Stadt«, das sollte machomäßig klingen wie: »Kannst du hier nicht atmen, dann bist du zu weich.« Schwamm drüber, freiwillig wohnt da eh niemand. Ganz anders in Berlin, hier lebt allein eine halbe Million Transferleistungsträger in unterschiedlicher Gestalt. »Berlin zieht an« hieß demnach auch das Stadt-Motto, und seitdem Wowi Wundersam den Spruch von »arm, aber sexy« geprägt hat, die Infrastruktur zusammenbricht, die Politiker dreist und dümmlich sind, droht Berlin das Köln des Ostens zu werden – Selbstbesoffenheit seiner Einwohner inklusive.

Als alle Nischen längst besetzt schienen, taucht plötzlich ein neuer Player auf: Hannover, damit hatte nun wirklich keiner gerechnet. Spaßbremsen-City, Hämefänger der Nation, Städte-Bashing-Opfer Nummer 1 wird gehypt als die heimliche Hauptstadt der Republik: locker, weltoffen, unkonventionell: Lenagrad von der Leine! Und zwar nicht von den Hannoveranern selber, sondern von allen anderen. Da ist doch irgendeine Mordsschweinerei im Gange, denkt sich der Hannoveraner und wäre am liebsten wieder nur ein Pferd wie früher.

Opel & Karstadt

Zwei, denen wir keine Träne nachweinen sollten

Wir ahnten es schon lange: Karstadt ist der Opel unter den Kaufhäusern: Mittelmaß trifft Möchtegern. Einig in der Vorliebe für bescheuerte Kunstwörter wie Meriva, Insignia oder Arcandor, trudelten die beiden Trottelfirmen ins verdiente Abseits. Dass deshalb auch die Kaufhausfritzen nach den Staatsmilliarden gieren, passt genau ins Bild. Und selbstredend werden sie die irgendwann auch bekommen, denn nichts fördert die Politik so gern wie die Leichen von morgen, wenn nicht von heute. Dabei ist das Ende von Karstadt nur die gerechte Quittung für fünfzig Jahre Kaufhausmusik, was mir fast noch als zu milde erscheint. Seinerzeit hielten Mitarbeiter von der Chefetage verteilte Schilder vor ihren Bäuchen. Darauf ist zu lesen: »Ohne Karstadt keine Innenstadt«. Dreimal laut gelacht, wer hat denn mit seinen ekligen Betonkästen und Parkhäusern die Innenstädte zerstört? Wer ist denn der Erfinder der Alu-Wabenfassade, dieser Ikone bundesrepublikanischer Architekturkotze? Die Stadt als Marktflecken inhabergeführter Fachgeschäfte ist doch von den Kaufhäusern seiner Zeit gemeuchelt worden. Und nun sind eben die Konsumsaurier dran, ausgerottet zu werden. Da hilft kein Jammern und kein Stöhnen: weg mit den alten Muffelbunkern. Nie mehr nach Paybackkarten gefragt werden ist ja schon ein Wert an sich. Was haben die denn geglaubt, dass die ganze Welt sich ändert, nur das Kaufhaus inmitten der City, das bleibt bestehen – und ganz besonders, wenn es Karstadt heißt? Die kleine hässliche Schwester Wühlworth wurde sang und klanglos beerdigt, was heißt beerdigt – einfach dichtgemacht. Ende. Die Vokabeln aus dem menschlichen Abnippelkosmos sind allein Karstadt vorbehalten, deren Häuser werden nicht geschlossen, sondern »Karstadt stirbt«. Buhu, wie grauenvoll! Horten tot, Hertie tot, Wulle einfach nur kaputt, Quelle und Neckermann gibt's schon lange nicht mehr – wo kauft jetzt die Pauschalexistenz ihre Schlappen und Bundfalten-Jeans? Wo kriegen die Lullu-

Komponisten ihre GEMA-Kohle her? Eine Tragödie bahnt sich an. Doch so weit wird es nicht kommen, denn Karstadt ist die Steinkohle unter den Opel-Häusern – da opfert die Politik lieber die Universitäten ihrer Enkel als die Umkleidekabinen ihrer Wähler.

Crazy Hanover

Hannoveraner im Vollrausch

Alle Städte außer Hannover sind zurzeit Provinz. Jahrzehntelang war es genau umgekehrt, ganz Restdeutschland gefiel sich im Hannover-Bashing. Langweiliger als an der Leine ging's gar nicht: hochdeutsch, protestantisch, das ist Spaßbremsen-City. Und hätte nicht Gott, der Herr in seiner unendlichen Güte Braunschweig erschaffen, der Hannoveraner könnte auf nichts außer sich selbst herabblicken. Geradezu blasphemisch erschien es den anderen deutschen Städten, dass sich ausgerechnet diese merkwürdige Siedlungsform inmitten der niedersächsischen Rübenpampa erdreistete, zur Jahrtausendwende eine Weltausstellung zu veranstalten. Irgendwie muss damals bei den Insassen Hannovers ein Schalter umgelegt worden sein. »Wartet nur ein Weilchen, ab jetzt rollen wir die Republik von hinten auf«, murmelte man sich an den hochgeklappten Bürgersteigen zu. Und siehe: Heute scheint nahezu alles und jeder aus Hannover zu kommen. Mit Gerhard Schröder und seiner ganzen

Entourage, der sogenannten »Maschsee-Mafia«, fing's an. Danach kamen Steinmeier, Von der Leyen, Rösler und jetzt auch noch Christian Wulff als Bundespräsident, reißt das denn nie ab? Neben dem Braindrain Richtung Berlin geht's aber auch an der Leine hoch her, besonders wenn sie losgelassen wird. Die oberste Revolutionswächterin des Protestantismus rauscht hackebreit über eine rote Ampel – mit unbekanntem Galan auf dem Beifahrersitz. In Köln hätte der Schutzmann sie womöglich »loofe jelasse«, weil prominent, nicht so in Hannover, hier hat jeder ein Recht auf fünfzehn Minuten Berühmtheit. Und so wurde Margot Käßmann zur Ikone der besoffenen Sünderlein und steht kurz vor der Heiligsprechung.

Der Hannoveraner ist eben crazy drauf, besonders wenn er auch noch so mit Familiennamen heißt wie Ernst August, wehrhafter Schirm-Fechter und Discobesitzervermöbler. Der wird nicht heiliggesprochen, sondern muss 200 000 Euro Buße berappen. Warum? Weil der Gerichtsstand Hildesheim ist. Da bleibt man besser in Hannover und lockt die scharfen Weibchen ins heimatliche Nest: Schröder hat's vorgemacht, Kumpel Carsten Maschmeyer tut es ihm gleich und hat die Vroni aufgerissen. Da hilft auch kein Tegernsee im Rücken und kein Oktoberfest, wenn ein brünstiges Männchen aus Hannover lockt, schmelzen sie dahin. Überhaupt scheint das Leinewasser mit Testosteron versetzt. Knallharte Kerle, wohin man schaut. Jüngst trafen sich dort in einer Anwaltskanzlei Hells-Angels- und Bandidos-Präsi, um in den Stand der Ehre einzutreten – was letztlich eine Lachnummer war, aber auch zeigt, dass der Niedersachse ironiefähig geworden ist. Hannovers Kapital ist das zu sein, was man am wenigsten erwartet,

insofern profitiert es vom jahrzehntelangen Provinz-Image.
Die erfolgreichste deutsche Rockband aller Zeiten gab hier ihr
Abschiedskonzert: Hätten Sie's gewusst, wer's ist? Na bitte!
Die Scorpions, in Deutschland belächelt, weltweit 100 Millionen Scheiben verbimmelt. Und kaum sind die einen weg,
kommt die nächste: Lena, der deutsche Sommertraum 2010,
von 40 000 Hannoveranern bei der Rückkehr aus Oslo vorm
Rathaus begrüßt. Sind denn hier eigentlich alle verrückt? Ja!
Hätte man die Fernsehzuschauer – ohne dass sie es vorher gewusst hätten – befragen können, aus welcher Stadt dieses freche Mädchen wohl stamme, Hannover wäre nicht unter die
ersten zwanzig gekommen. Das ist es eben, das Unerwartete,
was diese Stadt anscheinend ausmacht. Vielleicht ist Hannover aber auch der große Profiteur der Klimaveränderung. Endlich wird es ab und zu mal warm, und ganz langsam, aber immer gewaltiger, taut der Niedersachse auf.

Tote Werbe-Ikonen

Nicht mal im Fernsehen darf
man ewig leben

Im März vor Jahren starb schon Klementine, seitdem hängt
die weiße Latzhose kalt am Bettpfosten und wird nie mehr
rein, sondern nur noch sauber sein. Und jetzt ist auch noch
Onkel Dittmeyer frisch gepresst, aber dafür tot. Sie wurde
siebenundachtzig, der Valensina-Mann ein Jahr älter. Die

TOTE WERBE-IKONEN

Werbe-Ikonen des letzten Jahrtausends verlassen nach und nach den Planeten. 2002 erlag Dr. Best dem ewigen Kampf mit der Tomate, Herr Kaiser von der Hamburg-Ranschleimer trägt keine Brille mehr und wird schon vom dritten Schauspieler in Folge verkörpert, deshalb wohl niemals sterben – schade eigentlich. Karin Sommer serviert uns schon lange nicht mehr die volle Dröhnung von Jacobs und auch Freifrau Stephanie von Pfuel pladdert nicht mehr den Gala-Kaffee in die adelige Sammeltasse. Bald sind alle weg oder kehren als Untote auf den Bildschirm zurück: Der Tchibo-Kaffeeexperte schleicht neuerdings wieder durchs äthiopische Hochland und blickt lüstern auf die schwarzen Pflückerinnen, wirkt dabei allerdings eher wie ein Waffenschieber, der den Schwatten Lenkraketen verbimmeln will.

So ist das mit den Produktnutten der Vergangenheit, man erinnert sich ihrer in rückschauender Wehmut, sieht sie heute aber mit anderen Augen. Claudia Bertani auf der Suche nach der Piemont-Kirsche ist nur noch deshalb hip, weil die Kirschpflücker zu strammen Gigolos mutiert sind. Apropos Hipp Komma Klaus Komma Doktor, der garantiert mit seinem Namen auch nicht mehr für die Reinheit des Katzenfutters oder was war's noch mal? Käpt'n Iglo steckt das letzte Fischstäbchen quer im Schlund, Frau Antje fährt nicht mehr Hollandrad und Herr Albert Darboven ist auch schon über siebzig und erklärt uns nicht mehr das Geheimnis seines Röstkaffees. Manche, so wie er, hießen wirklich so: Dr. James Best war auch tatsächlich Zahnarzt. Andere kennt man nur unter ihrem Werbenamen wie Johanna König alias Klementine. Von den Werbe-Ikonen der Gegenwart erfährt man gar nichts mehr: Wie heißt Digger von der LBS wirklich und diese

DEUTSCHE SEHEN DICH AN

Tante, die sich Rocher aus Deutschland überallhin einfliegen lässt und so aussieht wie ... nein, das ist nicht Nicole Kidman, aber wer zum Teufel dann? Keiner sagt uns mehr was, und jetzt, wo Onkel Dittmeyer auch noch tot ist, glauben wir auch niemandem mehr. Ätsch!

Lena Meyer-Landrut

Deutscher Heldennachwuchs

Und es kam der Tag, da hatten alle Anständigen im Reich die Schnauze gestrichen voll von dieser ganzen Kanaken- und Kaputtenkultur. Sie wollten sie nicht mehr sehen, all diesen rappenden Migrationshintergrund, die lese- und rechtschreibgeschwächten Prekarierwachteln und deren gepiercten Freundinnen mit dem Speckreif überm Arschgeweih. Schluss! Aus! Irgendwo in diesem Land müsste es doch noch Adoleszenten geben, welche die Plackerei der Aufzucht lohnten. Nicht diese Ausschussware, langzeitarbeitslos schon seit der vierten Zellteilung. Und als das Elend am größten war und keiner mehr daran glaubte, in dem Meer missratener Bastarde ließe sich noch ein Goldstück heben, da trat Stefan Raab auf den Plan, Menschenfischer und Metzgerssohn. Seht her, sprach er, ich werde euch ein Mägdelein bringen, holder und bezaubernder, als ihr es verdienet. Und so geschah es dann alsbald: Der Raab zog seine Schleppnetze durch den Morast und siehe, eine Jungfer verfing sich dort, unschuldig wie ein frisch geschächtetes Lamm, Lena geheißen.

Weder war sie alleinerzogen noch political correct pigmentiert – sie sprach reinstes Hochdeutsch, selbst wenn sie Vokabeln des Packs im Munde führte, ging brav aufs Lyzeum, verhüllte nicht ihr Großhirn unterm Kopftuch, und war – so schien es – von Sex und Drogen gänzlich unberührt. Schon glaubte man, der Raab züchte im Verlies von ProSieben Kreaturen wie diese, so unwirklich erschien das Mädchen Lena. Zwar war sie kaum anders als die Nachbarsmädchen oder gar die eigene Tochter, doch war man längst überzeugt, dass die Medienwelt den Freaks und Arschgeigen gehöre. Umso verzückter gerierte sich das bürgerliche Publikum, als es der eigenen Kultur im Fernsehen begegnete. Und nicht da, wo man sie erwartete, im Streichquartett die Fidel zupfend, sondern in der U-Kultur, bisher Revier der gepiercten Spaguffen und ihrer speckigen Bräute.

Hoppala, machte es da im Hirn der Leistungsträger, wir sind wieder wer. Wenn unsere Lena in Oslo singt, so sind wir jetzt schon in heimischem Felde unbesiegt. Vade retro Prekaria! Das Land soll unser wieder sein!

SIE UND ER

Der Mann

Zweidimensionales Wesen mit dreidimensionalem Trieb

Erstaunlicherweise werden auf diesem Planeten noch immer neue Arten entdeckt: glibbrige Tiefseekraken, fisselige Frösche am Orinoko und ab und zu ist sogar ein Säugetier darunter, sehr selten eins, das auch in Europa heimisch ist und äußerst rar ist die Entdeckung eines heimischen Großsäugers, obwohl er in Hunderttausenden von Exemplaren mitten unter uns lebt. So geschehen in jüngster Zeit: Dieses neuentdeckte Riesenmammal nennt sich Mann und ist die größere und flachbrüstige Variante der Oberspezies Mensch.

Erstaunliches erfährt man über das neuentdeckte Vieh: Seine Lebenserwartung beträgt fast sechs Jahre weniger als die des kleineren Säugers Frau, es erkrankt fünfmal so oft am Herzinfarkt, trinkt Unmengen Alkohol und ist oft recht fett. Dachte man in früheren Jahrhunderten noch, der eiszeitliche Großaffe hätte keine natürlichen Feinde und sei der unumschränkte Herrscher der abendländischen Tundra, so hatte sich dieses Bild gegen Ende des 20. Jahrhunderts bereits gewandelt: Da ging es plötzlich nur noch um Frauenrechte, wobei bis heute keiner weiß, was das überhaupt ist. Gehen die über die Menschenrechte noch hinaus oder sind sie eine Einschränkung derselben? Ist die Frau also ähnlich wie der

SIE UND ER

Alltäglicher Feminismus: »Na und, lass die Typen doch durchs nasse Gras latschen, die pissen sich eh da drin auf die Sandaletten.«

DER MANN

SIE UND ER

Hund juristisch eine Sache, die man aber trotzdem nicht einschläfern darf – ohne Grund jedenfalls nicht? Man weiß es nicht, es wurde nie geklärt, wohl gerade deshalb ständig eingefordert. Jahrzehntelang schien es so, als ob es nur noch Frauen gäbe: Sie hatten eigene Parkplätze, eigene Beauftragte in allen Behörden, eine Quote und einen Saunatag nur für sich allein. Männer schienen komplett verschwunden aus der Welt, nicht mal mehr als Feindbild taugten sie noch. Wer erinnert sich, wann er das letzte Mal als Chauvi-Schwein beschimpft wurde? Männer waren einfach verschwunden von der Bildoberfläche. Es gab sie zwar immer noch, sie regierten, arbeiteten, schrieben Bücher, jeder zweite moderierte eine Kochshow – Männer dominierten noch immer die reale Welt –, doch wahrgenommen wurden sie nicht mehr. Wer von *gender sürströmming* faselte, meinte damit immer nur das eine *gender*, nie den Mann. Doch plötzlich – niemand weiß eigentlich, warum – tauchte das Wesen mit dem Testosteronüberschuss wieder in den Medien auf – und zwar, wie sollte es anders ein, wenn man sich in dieser Gesellschaft von Pissetrinkern Gehör verschaffen will? Als Opfer. Ja, geschafft! Der Mann verheilt viel schlechter als die Frau, wenn er angeschossen oder überfahren wird, seine Pumpe fliegt ihm um die Ohren und – Schande über den König der Möwen, plemplem wird er auch noch häufiger als das Weib, Selbstmord macht er sowieso zehnmal so oft wie sie – wie konnte dieses gefährdete Wesen überhaupt bis jetzt überleben? Die Frauen sind wie an allem auch daran schuld, die produzieren ständig neue.

Neue Wörter

BRIGITTE-WUMMEN, das Waffenmagazin für die Frau ab fünfzig

Homo homini Arschloch est, wie der Lateiner sagt. Dabei ist's noch gar nicht so lange her, dass alle in diesem Land in stiller Eintracht miteinander lebten. Die Zweirad-Rowdies der Innenstädte nannte man noch »Pedalritter«, die CO_2-Monster und Spritschlucker, Dreckschleudern und Bonzenkarren bewunderte man als »Nobelkarossen«. Selbst die LKW auf den Autobahnen hießen wie im Kinderbuch niedlich »Brummis«: »Auf der A2 Höhe Anschlussstelle Bad Eilsen sind zehn Brummis in einen Stau hineingerast. Neun Brummi-Fahrer waren sofort tot, der zehnte Brummiist schwebt in Lebensgefahr und aus den zwanzig Nichtbrummis konnten insgesamt 43 Non-Brummi-Leichen geborgen werden.«

Bei derartigen Meldungen hat's sich sehr schnell ausgebrummt mit den Brummis und die Worte »LKW mit osteuropäischem Kennzeichen« graben sich tief in die Großhirnrinde ein. Nicht ganz so schlimm steht's um den »Häuslebauer«, eine Vokabel, die wohl von schwäbischen Baufinanzierern einst in Umlauf gebracht wurde. Heute verwenden sie nur noch Retromenschen in Zeitungskolumnen, in denen über den Zinsanstieg für Hypothekenkredite schwadroniert wird. Aber wie soll man diese Spezies auch zeitgeistiger nennen? »Zersiedlungsarsch« vielleicht? Oder wie wär's mit »Kindermaststall-Betreiber«. Gut, etwas sperrig, die Alternative. Eine

SIE UND ER

lange Odyssee hat der »Trinker« hinter sich. Schon bald wurde er zum »Säufer«, dann zum »Alkoholiker«, schließlich zum »Alkoholkranken« und heute zum »Suchtgefährdeten« und »Mehrfachabhängigen«, wenn er zum Schnaps auch noch zur Fluppe greift.

Aber wo ist eigentlich die »Schnapsdrossel« geblieben? Mit diesem süßlichen Begriff nahm man dem Säuferelend doch ein gutes Stück seines Schreckens – was ja erst mal menschenfreundlich ist. Doch im Reich der gegenseitigen Verdammnis hat das keinen Bestand. Selbst so harmlose Erscheinungen wie die wohlstandsbedingte Plautzenbildung und Biertittenaffinität beim gereiften Manne münden beim Geschlechtsgegner nicht mehr in ein niedliches »Na du, mein Bärchen?«, sondern werden mit Fitness-Center-Gutscheinen abgestraft und Bärchen heißt nur noch »Alter Fettsack« oder »Schwabbelmonster«. Unverständlicherweise hat sich beim Weibe noch der Begriff »vollschlank« gehalten für Exemplare mit Ärschen so groß wie der Kopf eines pazifischen Riesenkraken. Wen wundert's, die Welt der Wörter ist längst vom Weibe eingenommen. »Woman« ist ja auch heute ein Magazin für die Frau ab 40 und kein Waffenjournal mehr für Freunde großkalibriger Bärentöter.

Die Beziehungskiste

Doppelsarg zu Lebzeiten

Wenn in längst verstaubten Zeiten zwei vorwiegend gegengeschlechtliche Menschen untereinander vereinbarten, nunmehr im subäquatorialen Bereich des Körpers Flüssigkeiten auszutauschen, so hieß es verharmlosend: »Sie gehen miteinander.« Wenige Jahre später, als schäbige Coolness zur Neurose einer ganzen Generation wurde, sagte man: »Sie haben eine Beziehungskiste am Laufen.« Wer so noch spricht, vegetiert entweder auf dem geistigen Niveau einer Claudia Roth dahin oder leidet an einem anderen Kreuzberg-Jakob-Fraß im Großhirn. Für die U-50-Generation ist das Wort »Beziehungskiste« so fremd wie der Nato-Doppelreißverschluss am Bundeswehrparka. Drum schauen wir doch mal bei Tante Google rein, was die uns zu dem Thema zu sagen hat.

Sieh mal einer an: »Beziehungskiste« heute ist eine Hundeschule in Mönchengladbach-Korschenbroich. Ersetzt man in deren Werbetext das Wort »Hund« durch »Mann«, ist eigentlich alles gesagt: Frauen aufgemerkt:

»Die Beziehungskiste möchte mit Ihnen nicht nur an der Erziehung Ihres Mannes, sondern vor allem auch an der Beziehung zu Ihrem Mann arbeiten! Sie werden dabei unterstützt, die Kommunikation mit Ihrem Mann herzustellen und eine gemeinsame Sprache zu finden. Im stressigen Alltag kommen Beziehungen oft zu kurz. Dies kann auch zwischen

SIE UND ER

Tücke des anthropozentrischen Weltbildes: Hündinnen sehen immer so aus, als hätten sie ihr Portemonnaie verloren.

DIE BEZIEHUNGSKISTE

87

SIE UND ER

Mensch und Mann zu Problemen und Unfrieden führen. Sie werden Möglichkeiten kennenlernen, wie Sie Ihren Mann optimal beschäftigen und auslasten können, um so eine harmonische Beziehung zueinander aufzubauen. Die Beziehungskiste entwickelt gemeinsam mit Ihnen einen an die persönlichen Bedürfnisse angepassten Trainings- oder Therapieplan für Ihren Hund, äh, Mann, zeigt Ihnen Beschäftigungs- und Auslastungsmöglichkeiten für Ihren Mann im Alltag. Kurz: Macht aus Ihnen und Ihrem Mann ein Team!«

Besser hätte ich's auch nicht sagen können. Und was das Schönste ist, man spart sich die »Beziehungsarbeit« (noch so ein Unwort aus dem letzten Jahrtausend). Lassen wir doch lieber die Profis ran. Außerdem darf der Hundetrainer auch noch den Wesenstest abnehmen und Ihr Mann darf wieder ohne Leine auf die Straße.

BRAVMENSCHEN
UND PLANETENRETTER

Naturheilkunde
Kille, kille und du bist gesund!

Warum nur lassen sich erwachsene Menschen, die immerhin in der Lage sind, sich ihren Vornamen ohne iPhone zu merken, warum lassen sich diese Primaten jeden noch so dämlichen Bären aus der esoterischen Heilkunde aufbinden?

Erste Antwort: Der Mensch ist unheilbar blöd, da helfen auch keine Pillen oder kalten Umschläge – das wusste schon der auch sonst sehr gewitzte Volksmund.

Zweite Antwort: Bachblütentherapie klingt einfach besser als Chemotherapie. Es ist bestimmt auch angenehmer, sich von einem Esoterikzausel die angewärmte Hand in den Schlüpfer schieben zu lassen als vom Proktologen den kalten Stahl ins Arschloch. Die Spinnerbuden mit den Heilsteinen, den Schüsslersalzen und Globoli sind auch kuscheliger als die Schlachthöfe der Apparatemedizin. Und wenn heute sogar die Schulmediziner alternativ zum Geschnippel und den Chemobomben hie und da ein winziges Nädelchen in den eingebildeten Meridian setzen, dann muss doch schon was dran sein an der Alternativmedizin. Hauptsächlich dran ist was am Geschäftssinn des niedergelassenen Quacksalbers. Wenn die Doofen es nicht anders wollen, dann schiebt er ihnen eben die Stopfnadel unter die Epidermis, pustet ihnen heißes Öl ins Rektum oder verschreibt 'ne Wundertüte voll Placebos. Von überzeugten Kuschelmedizinanhängern hört man dann den Killersatz gegen jede Statistik: »Ich kannte mal einen, bei dem hat's geholfen.« Ach was! Und ich kannte mal einen, bei dem hat's nicht geholfen. Und nu?

Der Wunderglauben ist so alt wie die Menschheit. Neu daran ist die Gottheit, die angerufen wird. Heute wird keinem großen Babaluba ein totes Meerschweinchen geopfert, sondern der noch lebende Verstand einem diffusen Begriff von Natur. »Naturheilkunde« nennt sich das ganze Geschwurbel aus teils nachgewiesenen pflanzlichen Heilmethoden und auch völlig abstrusen Medikationen mit irgendwelchem Gestrüpp bei Vollmond. Größter Dämlack auf diesem Gebiet ist der Chinese, der meint, durch die Einnahme geraspelten Nashorns wachse sein kleiner Chinesenwurm auf die Größe eines veritablen Grubenponypimmels heran. Um die eingangs gestellte Frage nun letztgültig zu beantworten, warum erwachsene Mittelschulabsolventen so einen Schwachsinn glauben – weil's nicht weh tut. Weder prokelt der Esoterik-Schamane in jeder Körperöffnung herum, noch eröffnet er einem irgendwann die Gewissheit: Hat leider nicht geklappt die OP, das war's: Klappe zu, Affe tot!

Dann doch lieber Globoli lutschen und auf die Unsterblichkeit hoffen. Kann ja sein, dass nur alle anderen sechseinhalb Milliarden Menschen abkratzen müssen, ich aber nicht. Wie gesagt. Ich kannte mal einen ...

Esoterik im TV

Von fusselnden Strickjackenmenschen

Die Lügenmaschine Fernsehen zeigt uns täglich schöne Menschen: gephotoshoppte Tuning-Ärsche, gemachte Titten, gelackte Fressen. Doch ab und an, wenn wir durch die Programme zappeln, begegnen uns dort vermoderte Wesen in bollerigen Strickjacken, die wie frisch dem Grab entstiegen aussehen. Diese lebenden Toten halten entweder einen bläulichen Stein in die Kamera, legen die Karten eines Autoquartetts vor sich hin oder preisen die Vorzüge eines abgeflexten Hasenfußes als ultimativen Glücksbringer.

Die Glaubwürdigkeit des dargebotenen Esoterikschwachsinns scheint mit der physischen Zersetzung des Moderators zuzunehmen. Allein die sternedeutenden Weibsbilder, die man dort präsentiert, gehören zu jener Spezies, von der man sagt, dass man sich von ihr losrosten würde, schweißte sie einem jemand auf den Bauch. Sie tragen keine Strickjacken, sondern scheinen in ihnen zu leben. Einmal im Jahr zu Walpurgis streifen die fetten Matronen ihr haariges Fell ab und nähern sich auf drei Meter einem Stück Seife.

Auch die Männer der Sendungen verleihen dem Wort »Moderator« einen neuen, tieferen Sinn. Unvorstellbar, dass sie mit einem Lebewesen diesseits der Artschranke jemals Sex hatten. Als kritische Verbraucher fragen wir uns natürlich, warum glückverheißende Öle, Druidenzacken oder Glasmurmeln ausgerechnet von den Gestalten präsentiert werden, denen das Glück offensichtlich nicht sonderlich zu-

BRAVMENSCHEN UND PLANETENRETTER

getan war in ihrem irdischen Schluffendasein. Wir würden doch auch keine Enthaarungscreme kaufen von einer zugewachsenen Steppen-Else mit Damenbart, keinen Bausparvertrag von einem Obdachlosen. Gut, wir sind ja auch nicht völlig verblödet – der Kundenkreis esoterischer Devotionalien aber schon, und weil vom Schicksal eh arg gebeutelt, traut er nur seinesgleichen. So kommt dann die verwarzte Endfünfzigerin ins Spiel, aus deren Strickjacke man acht Portionen Bihunsuppe kochen könnte.

Sieh mal an, denkt sich dann ein speckiger Strickjanker auf der anderen Seite des Bildschirms: Die haben es nicht nötig, ihre koreanischen Krötenfüße von hübschen Blondinen präsentieren zu lassen. Und im tragischen Umkehrschluss muss alles, was marketingmäßig so verheerend daherkommt, wohl seriös sein und wirken: Krötenfußpulver zwei Tage nach Vollmond mit etwas Maggi auf den Wurm gebröselt, und schon steht der Bursche im Schritt wieder wie 'ne Eins. Doch wozu bei den beschrappten Gestalten? Okay, zum Onanieren braucht's auch 'ne halbwegs stabile Latte, sonst ist es nur der halbe Spaß.

Der Verbrauch

Und wenn alles verbraucht ist auf Erden, kommt dann das Nichts?

Es gibt eine neue Bravmenschen-Ikone: den Verbrauch. Der Verbrauch ... von allem Möglichen, denn die zweibeinige Wurst auf diesem Planeten ist in erster Linie ein »Verbraucher«. Das ist gut, wenn es um die Ankurbelung des »Konsumindex« geht, hingegen schlecht, wenn es was umsonst gibt: CO_2 zum Beispiel. Das verbraucht der Doofkopp zwar nicht wirklich, sondern erzeugt es, primär durch Ausatmen, aber auch indirekt durch Fleischfressen, denn die Frikadelle, als sie noch am Leben war, hat schließlich auch geatmet.

Richtig böse ist der Verbrauch allerdings beim PKW, obwohl der ja den Konsumindex beflügelt, aber eben auch das fiese CO_2 und die Erdöl-Ressourcen vernichtet. Weil sich der Mensch, insbesondere in seiner Gestalt als Planetenretter, gerne einen in die Tasche flunkert, wird der Benzinverbrauch pro hundert Kilometer gemessen. Amischlitten in der Garage, null Verbrauch: böse, böse. Mit koreanischer Abwrackprämien-Furzkiste den ganzen Tag durch die Stadt gondeln: so ist's brav.

Wollte man den Benzinverbrauch und die CO_2-Emission tatsächlich reduzieren, bote sich die Wiedereinführung des Maoismus in China weitaus eher an. Wenn die gelben Burschen wieder mit dem Veloziped durchs Reich der Mitte strampelten, statt mit dem Audi die Luft zu verpesten, heisa, wir in Europa dürften wieder normale Autos fahren, ohne uns der Spritfresser schämen zu müssen. Rein eurozentristisch betrachtet, würde die Reduktion des Chinesen selbst sogar am meisten bringen für den Planeten. Alle dreißig Jahre etwa frisst der Chinese nämlich einen ganzen Kontinent auf, mit allem, was da drauf und drin ist. Zurzeit verbraucht er gerade ganz Afrika, mit Urwäldern, Bodenschätzen, Tieren, Anbauflächen. Dauert nicht mehr lange, und wir sind dran: Heute frisst er Volvo, morgen den Rest. Und bei uns beten die Bravmenschen die Fünf-Liter-Nuckelpinne an und glauben tatsächlich, wir könnten mit unserer Verbrauchsreduzierung das Wachstum in China, Indien und ganz Südostasien abfedern. Eine Stunde Fahrverbot in Peking bringt mehr als die Einführung von Euro 6. Und wenn man schon unbedingt auch bei uns – mehr oder weniger symbolisch – etwas für diese völlig überflüssige Planetenrettung tun will, sollte man extrem nachhaltig mit seinem Arsch zu Hause bleiben, statt zur nächsten Klimakonferenz zu fliegen.

Go green

... und wieder zurück

Die Liste des Öko-Irrsinns und Bio-Geschwurbels wird allmählich unüberschaubar: ob Mineralölsteuererhöhung, Maisfelder von hier bis zum Ural, Windräder im Watt, Verschrottungskopfgelder für heile Autos, Einfahrverbote in die Städte: Alles ist öko und bio, nachhaltig und irgendwie nachwachsend. Jetzt stößt auch der Gilb ins nämliche Horn, und bei der Post kann man seine Briefe CO_2-neutral versenden. Da radelt Briefträger Heini lustig mit dem gelben Veloziped durchs Werbebild und will suggerieren: Wenn ich zu Hause das Kuvert an die Liebste in den Kasten einwerfe, dann kommt heimlich nachts ein Heinzelmännchen auf dem gelben Fahrrad und strampelt mit der Sendung CO_2-neutral ins Stubaital. GoGreen heißt dieses Lügengebilde des Teil-Monopolisten, mit dem er uns wieder mal für doof verkaufen will. Dabei hat doch gerade die Post im Zuge ihrer Zumwinkelisierung den umweltfreundlichen Bahntransport weitgehend eingestellt und dröhnt mit Tausenden LKW zwischen den Verteilzentren auf der grünen Wiese rum – go green sozusagen. Nun aber soll dem Kunden vorgegaukelt werden, er könne sich mit einer Briefmarke aus der Kollektivschuld freikaufen. Ein kleiner Öko-Ablasszettel auf den Umschlag gepappt, und irgendwo im fernen Südamerika erigiert ein Grashalm zu alter Größe. Wie schön! Ich kann schon Bier saufen und damit das Amazonasbecken fruchtbar halten, nur im Puff darf ich noch nicht CO_2-neutral ins Becken steigen – was allerdings auch nur noch eine Frage der Zeit sein dürfte, bis die Bio-Nummer oder der Öko-Fick das Gewissen der Freier CO_2-neutralisiert.

Die Rollen im großen Öko-Schwindel sind eindeutig verteilt: CO_2 ist das Böse, und das Gute fängt mit Elektro an. Zum Beispiel Autos: Wenn sie Batterien haben, verursachen sie keine Staus mehr, und man kann damit auch keinen mehr totfahren. Noch besser ist Solar, weil auf dem Dache ist, wo's nicht im Wege steht – oder in Afrika, das eh keiner braucht. Die Kisten für Solar schraubt der Chinese zusammen für wenig Geld, dafür haben wir dann, wenn alles rund läuft, immer 'ne warme Steckdose zu Hause – also, falls die Sonne demnächst auch nachts noch scheint ...

Klingt alles wie 'ne prima Zukunft, so insgesamt. Und auch wenn die Großhirnrinden dabei abschmelzen, macht es nichts, denn dann erhöhen wir die Deiche vor dem gesunden Menschenverstand, sagte die Glühbirne zur Biobirne. Und knipste sich selber aus.

Grünabfall

Eine wahre Geschichte aus dem wahren Leben

In des Gartens finsterster Ecke dräute seit Monden ein Haufen ekeligen Gestrüpps, ja, beleidigte das Auge des Flaneurs auf geradezu unanständige Weise. Brennnesseln hatten sich bereits an die Besiedelung gemacht, eine alleinerziehende Rattenmutter päppelte dort schon ihre Brut. Kurz: Es war ein Graus. Die Verwandlung des pflanzlichen Abfalls in wertvolle Komposterde wollte so gar nicht vorankommen. Statt lockeren Mulms bildete sich in den untersten Schichten des Haufens eine pappige, pestilenzartig stinkende Masse. Womöglich sei dies der unbedarften Beimengung größerer Portionen Rasenschnitts geschuldet, bemerkte die Gattin spitzzüngig. Man wisse ja, dass jener nicht auf den Kompost gehöre, sondern in die Biotonne.

GRÜNABFALL

Nun ist meine Haltung zur Biotonne die der Ablehnung. Wozu, so frage ich jeden vernunftbegabten Mitbürger, hat man denn die ganze Natur um sich herum, wenn man dort nicht einmal den Rasenschnitt der Verwesung anheimstellen darf. Zwei Tage hielt sich meine fundamentalistische Position zur Grünabfallbeseitigung, dann folgten Regen und praller Sonnenschein in dichter Reihenfolge, und der Haufen am Ende der Zivilisation begann zu stinken wie das Geschlechtsteil eines greisen Mammutbullen. Jeder Aufenthalt im Garten war schier unmöglich geworden, sofort raubten einem die Gärgase den Atem. Eine Lösung musste her, und zwar eine kurzfristige. Auf die Liberalisierung des Fäulnismonopols konnten wir nicht warten und solange die Bakterien ihren Dienst nach Vorschrift absolvierten, wollten wir nicht im Brodem des Kompost ersticken.

Ein schneller Blick in die Bürgerbroschüre der Amtsgemeinde wies den Weg: Einmal die Woche öffnete die Grünabfallsammelstelle ihre Pforten für grünabfallloswerdinteressierte Bürger. Und damit nicht Krethi und Plethi aus fremden Amtsgemeinden daherkommen und ihre erschossenen Gattinnen dort deponieren, hat man das Gelände eingezäunt und einen Rottweilerrüden zur Bewachung eingestellt. Der Zaun ist gute zwei Meter hoch, der Rottweiler hat höchstens zwei Beine, trägt dafür aber eine Mütze. Doch dazu gleich.

Schon drei Tage bevor die Moderbude ihre Tore für den gemeinen Steuerzahler öffnete, begann ich die Sackbehaarung des greisen Mammutbullen auf einen PKW-Anhänger zu forkeln. Was uns Menschen als lebensfeindlich erscheint, ist es jedoch nicht für andere. Tausend Wespen schwirrten los, als ich den ersten Forkenstich in den Haufen tat. Nur

97

neunhundertneunundneunzig davon zerstachen mich am ganzen Körper, was wiederum zeigt, dass nicht alle schlecht sind in einem Volk – nicht mal bei den Wespen.

Aufgedunsen wie ein gegrilltes Hängebauchschwein verbrachte ich den restlichen Nachmittag am Tropf des herbeigeeilten Toxikologen. Erst der übernächste Tag, wir erinnern uns: einen Tag vor dem Öffnungszeitfenster der Deponie, erst dieser Dienstag sah mich wieder am Haufen stehen, diesmal im Ganzkörperkondom aus dem Baumarkt, mit Mundschutz und Pudelmütze. Doch die gestreiften Plagegeister waren emigriert. Was jetzt zutage trat, waren die üblichen Verdächtigen mulmiger Behausungen: Silberfische, Asseln, junge Ratten, Spinnen, fette Mottenlarven und eine tote Katze, die wer weiß wer hier deponiert hatte.

Mit randvollem PKW-Hänger aus der Baumarktforschung ging's am anderen Tag frohgemut ins Grünabfallloswerdeparadies. Die Schlange aus zirka dreißig wartenden Gespannen zeigte mir, dass ich hier richtig war. Nach einer guten Stunde hatte ich schließlich die Pforte erreicht und fuhr zügig bis zum riesigen Abfallhaufen vor. Aber noch bevor ich mit dem Entladen beginnen konnte, trat der schon vorher kurz erwähnte, zweibeinige Rottweiler auf mich zu.

»Und?«, fragte er.

Und was? Ich verstand die Frage nicht. Was sollte das bedeuten? Oder hatte er »Hund« gesagt? *»Was soll das werden?«*

Das müsste er eigentlich besser wissen als Kompostierfachgehilfe. Keine Ahnung! Was wird aus so was? Als Laie würde ich sagen: Komposterde. Doch das war gar nicht die Frage, sondern eher das Gegenteil.

GRÜNABFALL

»Was is das in dem Hänger da? Is das Gartenabfälle oder was soll das sein?«

Ich bejahte, und daraufhin stocherte Herr Rottweiler mit einem Stahlprügel in der Ladung herum.

»Is ja auch Rasenschnitt dabei, dabei, Rasenschnitt mit dabei.«

Respekt: Dreimal das Wort »dabei« in einem Satz von insgesamt neun Wörtern untergebracht, macht eine »dabei«-Quote von genau dreißig Prozent, das dürfte Weltrekord sein, gleich mal zu Hause im Guinness-Lexikon nachschauen. Doch jäh wurde ich aus meinen Überlegungen herausgerissen.

»Rasenschnitt gib's nich, den gib's nich, den Rasenschnitt, den gib's hier nich, den gib's hier nich.«

Chapeau! Viermal »gib's nich« in einem Satz, macht wieder dreißig Prozent, der Mann ist ein Wunder an Beständigkeit.

»Und?«, fragt der zweibeinige Rottweiler.

Da war es wieder, das geheimnisvolle Wort. Doch auch jetzt wollte sich seine Bedeutung gänzlich frei von jedem Zusammenhang mir nicht erschließen.

»Andere wollen da, wollen da, wollen da au noch hin mit Wagen.«

Endlich, um die Spannung aus unserem Verhältnis herauszunehmen, fragte ich – mehr pro forma, denn ich war sicher, es ist umsonst –, was ich denn schuldig sei für die Anlieferung der Gartenabfalle.

»Arrhhahhhahhaha Maak.«

Eine weibliche Decodierkraft am Frühstücksschuppen der Deponie klärte mich auf, worum es sich bei dem Rottweilergegrunze handelt: Achtunddreißig Mark, wollte er sagen, wo-

99

BRAVMENSCHEN UND PLANETENRETTER

bei Mark in seiner Sprache Euro bedeutete. Ich legte vierzig auf den Tisch und war um eine Erfahrung reicher. Rasenschnitt ist kein Gartenabfall im Sinne der Gartenabfallverordnung, auch wenn er wie keine andere Pflanze den Garten dominiert, er gilt als Sonderabfall. Kostenlos ist nur die Anlieferung des ersten angefangenen Kubikmeters Heckenschnitt. Der zweite wird mit fünf Euro berechnet, wobei niemand weiß, bis wann es die zweite Lieferung ist oder schon wieder die neue erste, nach einer Stunde, einem Monat einem Jahr, einer Zwischeneiszeit – keine Ahnung. Gartenabfall im Sinne der Gartenabfallverordnung kostet schon beim ersten angefangenen Kubikmeter fünf Euro, aber nur bis zu einer Höchstmenge von einem Kubikmeter. Alles darüber erregt den Verdacht der gewerblichen Entsorgung. Wie aber kamen meine achtunddreißig Euro zustande? Bis fünfzig Euro hat der diensthabende Rottweiler einen Ermessensspielraum und darf die Gesamtmenge des angelieferten Schnittgutes schätzen. Bei mir standen zwanzig Kubikmeter auf dem Quittungszettel, und damit verließ ich niedergeschlagen den Bretterverschlag. Grad wollte ich in mein Auto steigen, da bellte von fern eine vertraute Stimme.

»Hammmich vertan, vertan, vertan, vertan ...«

»Vertan«-Quote von achtzig Prozent, ein Hammer der Mann, der muss mal zu »Wetten daß ...?«.

»Vertan, mit die aaarhhhh Maak die nächsten dreißig Mal sind umsonst, umsonst, umsonst, sind umsonst.«

Noch in der Sekunde habe ich den Quittungsbeleg in den Mund gesteckt und heruntergeschluckt – nur ja nicht in die Verlegenheit kommen.

Klimawandel

Die Welt geht kaputt. Na und?

Welt retten ist schwer angesagt. Kampfhundbesitzer können aufatmen, nicht mehr sie sind die Buhmänner der Nation, sondern Klimaschweine, Sprit- und Stromfresser. Nur warum? Ich meine, warum will man die Welt überhaupt retten? Und wenn ja, was davon und wen alles? Auch die Doofen und die Mörder, das ZDF-Rundfunkratballett und die SPD? Nicht mal das schaffen wir ja, und jetzt gleich die ganze Welt! Um die geht es ohnehin nicht, denn an und für sich will der Mensch nur seinen eigenen Arsch retten. Speziell den weißen mit der Armani-Pelle drum rum auf dem teuren Ledersofa. Die Ärsche vom Eisbären und vom schwarzen Mann sind da eher zweitrangig und undankbar obendrein. Jahrzehntelang hat man sich abgemüht, den Hunger in der Welt zu bekämpfen, gegen Landminen und Tropenholz demonstriert, hat sauren Kaffee von glücklichen Campesinos gesoffen – alles vergebens: Die Welt ist kein besserer Ort geworden. Jetzt reicht's dem weißen Mann endgültig: Den Affenwämsern auf der Südhalbkugel ist nicht zu helfen, da muss man mal ans große Ganze ran. Wir haben die eine Hälfte der Erde in den letzten hundert Jahren inhaliert und wenn jetzt die Chinesen und Kasemuffen die andere Hälfte auffressen, dann isse ja ganz weg – und wir obendrein. Da geht den Nordmännern aber der Arsch auf Packeis, und sie überlegen, wie sie sich auf die rettende Scholle ziehen können. Noah und seine Arche, das war 'ne tolle Sache: von

Bord eines Kreuzfahrtschiffes zugucken, wie der Rest der Welt den Löffel abgibt. So hätten wir's heute auch am liebsten: Gott drückt auf Reset, wir springen alle in die Boote, und die Taliban und Schweinegrippeerreger müssen draußen bleiben. Nach ein paar Tagen zieht die Sint-Brühe wieder ab, wir gehen an Land, alle Doofen sind tot und die Immobilienpreise im Keller. Dann latschen wir über LOS, ziehen vierzig Euro Begrüßungsgeld ein und beginnen ein neues Leben. Toll! Stattdessen feilschen fünfzehntausend Kofferträger um ein halbes Grad Erderwärmung. Und vier Milliarden Menschen hoffen, das Grundrecht auf ihren Anteil an der Erderstörung meistbietend zu verhökern. Das hat doch alles keinen Sinn und keine Größe. Gehen wir doch lieber in einer x-beliebigen deutschen Stadt auf den Weihnachtsmarkt. Das ist Welt zum Abgewöhnen, so was will man dann nicht mehr wirklich retten.

DEUTSCHLAND, DEINE DIALOGE

Neulich im Supermarkt

– Hallo, hallo, Sie da, sagen Sie mal. Wo wollen Sie denn mit meinem Wagen hin, hm?

+ Ihrem Wagen?

– Ja, meinem Wagen, genau.

+ Bitte schön, das ist mein Wagen.

– Ach sieh mal einer an, *die* Geschichte.

+ Diesen Wagen hab ich gegen fünfzig Cent Pfand draußen eingelöst und darin hab ich meine bisherigen Einkäufe, ähem ...

– Jetzt weißt du nicht mehr weiter, was? Ich frag mich, was euch Burschen eigentlich dazu bringt, immer die Einkaufswagen von anderen Leuten zu nehmen. Bringt doch nichts – ist doch noch nicht mal bezahlt, der Kram. Bisschen pervers im Kopp, wa? Ja, sind wir ein bisschen pervers in unserer kleinen Klugscheißerbirne, hä, müssten wir vielleicht mal inne Bematschtenanstalt, hä, ist doch nicht dein erster Wagen heute, was, Freundchen? Das kannst du mir nicht erzählen.

+ Dies hier ist mein Einkaufswagen, und das sind die Waren, die ich hier in diesem Laden erwerben möchte.

– Ey, is nich wahr, da hat der kleine Klugscheißer doch glatt

DEUTSCHLAND, DEINE DIALOGE

noch seine Gebissreinigertabletten zu meinen Sachen geworfen – bist wohl ein ganz Schlauer!

+ Lassen Sie meine Sachen in Frieden.

– Zeig mal her, deine Fressmaschine, is mir gar nich aufge-
fallen, wohl Privatpatient, was, die Einheitskauleiste der
AOK ist ihm wohl auch nicht fein genug, was, aber anderen Leuten im Supermarkt den Wagen wegnehmen. Was
bist du eigentlich für einer, hä?

+ Ich bin ...

– Sag nix, lass mich raten, du bist auf jeden Fall ein Büro-
hengst, das is klar: Hühnerbrust, Pastorenhände, ey, du
bist 'n Versicherungsfritze ...

+ Ich bin ...

– Nä, stimmt nicht, dazu siehst du nicht gerissen genug
aus ... du bist beim Staat, Finanzamt oder so was, stimmt's?

+ Ich bin auf der Sozialbehörde, wenn Sie's unbedingt wissen wollen.

– Was? Das halt ich am Kopp nicht aus. Ey, habt ihr das gehört? Hier ist einer von den Kissenpupern, die uns Hart-
zern vorschreiben, was wir monatlich fressen dürfen, ist
das wahr, du bist einer von den Arschlöchern, hä, ich
glaub's nich – na, dann zeig mal her, was hast du dir denn
gekauft? Sieh mal an: Norwegischer Räucherlachs,
Grönlandshrimps, was ist das denn: Mockturt – le – so –
up ...

+ Das ist so eine Art Schildkrötensuppe. Natürlich nicht von
richtigen Schildkröten, die sind ja weltweit ...

– Was, 'ne Suppe aus falschen Schildkröten? Und da legst
du, lass mal sehen, für diese anderthalb Tassen, da legst
du 5,60 Euro auf den Tresen, Mann, da kriegst du schon

NEULICH IM SUPERMARKT

einen Kasten Oettinger für. Säufst Suppe von falschen
Kröten ...

+ Schildkröten!

– Was, auf einmal doch?! Bist du bescheuert, hast du Ausset-
zer, sag mal, weißt nicht mal mehr, was für Suppen du in
deine Hühnerbrust reinkippst, hahaha ...

+ Darf ich Sie auf eine Inkonsequenz hinweisen?

– Wer ist tot?

+ Ähem, behaupteten Sie nicht vorhin, das hier sei Ihr Einkaufswagen?

– Mein Einkaufswagen? Nun drehst du total ab, Suppenkas-
per, was? Willst du mir jetzt den ganzen Dreck hier andre-
hen, oder was? Soll ich hier mit deinen toten Fröschen und
dem Gebissreiniger nache Kasse hin und mich da vor den
Muttis lächerlich machen? Haben sie dich mit dem Klam-
merbeutel gepudert, oder was? Hat man das schon gehört,
wohl wahnsinnig geworden, was? Gut, ich mach's ... wie
viel?

+ Bitte?

– Na, wie viel zahlst du, dass ich dir deinen peinlichen
Scheiß durch die Kasse lotse? Kracher, Penunzen, Mäuse,
capito?

+ Ich zahlen?

– Ja was, umsonst ist nur der Tod, Hühnerbrust. Von nix
kommt nix, also sag an!

+ Zwei Euro?

– Zwei Euro!! Zwei Euro!!! Weißt du, was du da heute noch
fur kriegst? Da kriegst du grad mal 'ne Packung von den
billigen Präsern für, mit drei von den dünnen Dingern,
weißt du, wo du höchstens – höchstens sag ich dir – an-

derthalb Stunden mit längs kommst. Wenn du verstehst, was ich meine, was, Hühnerbrust? Also Spaß beiseite, sagen wir, weil du's bist, gib mir'n Fuffi unter Freunden und die Sache ist vergessen. Was hältst du davon?

+ Fünfzig Euro?

– Was dachtest du, Peseten? Unsere Hühnerbrust ist ein Spaßvogel, was?

+ Na gut, hier sind zwei Zwanziger und – Moment – ein Zehner, macht zusammen fünfzig Euro.

– Spaßvogel kann rechnen, das is doch was. Na los, lass uns zur Kasse marschieren, ich schaukel dir das, no problem, für Johnny Satan, den Tiger von Schildesche.

Neulich im Neubaugebiet

Ein Reihenhaus im Grünen. Endlich sind die nervtötenden Probleme der Bauphase vergessen, die letzten Handwerker abgezogen und im Vorgarten sprießt das erste Rasengrün. Doch eine Klitzekleinigkeit gibt es noch zu erledigen, im Bad fehlt noch der Pergulator in der Handbrause »Alt-Bielefeld«. Man schicke jemanden vorbei, fünf Minuten-Sache, nahein, das koste nix extra.

– Tach, Firma Bumke Sanitär-Erlebnis, äh, wegen den Pergulator, in Ihren Bad.

+ Ja, richtig, kommen Sie doch rein.

– Höhö, Porcellanosa griechisch gelb – an sich 'ne Superfliese!

+ Ja, nich! Haben wir uns auch sehr gefreut.
- Geht bloß nich mit Fußbodenheizung, reißen alle nach zwei Jahren.
+ So, hier ist das Badezimmer!
- Höhähöhä. Altdeutsche Heraklit-Platte, höhähähö, wer hat Ihnen die denn noch hier rein gelegt?
+ Wieso?
- Hmm, die kommt hoch. Wird naßraummäßig gar nich mehr verwendet, da nimmt man heute nur noch die DIN 17 Strich 30. Da hat Ihnen jemand 'nen Türken an die Wand geklebt.
+ Das geht doch 'nen bisschen zu weit, ja, machen Sie mir den Wasserhahn fertig und dann ist gut.
- Wo ham wir denn die Mischbatterie?
+ Na, da an der Wanne.
- Nä!
+ Wie »Nä«? Da an der Wanne sitzt der Hahn und da machen Sie mir jetzt eine neue Peristaltik rein, oder wie das heißt.
- War der Bezirksschornsteinfeger schon da?
+ Nein. – Äh, weiß ich nich!
- Der legt Ihnen den ganzen Sums hier, haste nich gesehen, aber sofott still.
+ Würden Sie mal bitte aufhören, mit Ihrem Eispickel in meiner Wand rumzubohren, ja.
- Tiefspüler am Elfer Stein, das lass sein! Das hält nich.
+ Ahrrrrr. Hilfe!
- Das is doch nie im Leben 'ne F 30 Deckenplatte, nach zwei Minuten is die doch durchgeschmort und dann gute Nacht. Sind da oben drüber auch noch Zimmer?

DEUTSCHLAND, DEINE DIALOGE

+ Oma und Pucki! Haarrhhhhh! Ooooommaaaaaarrrrrr!
Puuuuuckkiiiiiii!
– Der reinste Murks hier, alles Schrott. Ach du dickes Ei –
Spanplattendecke auf 25er-Lattung mit Spaxschrauben
einfach auf den Mist draufgeknallt. In achtzig, neunzig
Jahren wär das sowieso im Arsch gewesen. Mannomann.

Am Handy: Chef! Hier Horst. Im Seeadler-Ring bin ich fertig.
Chef: Okay! Nächste Adresse: Altwümmelsen, Kranich-
heide 12, Einfamilienhaus. Diesmal bist du der Mann von der
Erdgasversorgung. Auch komplett alles runter. Auftraggeber
ist die Nordwest Finanzbau Haselünne. Haben auch 'ne Un-
terdeckung in der Finanzierung.
Am Handy: Wie schnell muss das gehen?
Chef: Das Grundstück muss in zwei Wochen wieder frei
sein – auch wieder 'nen junges Ehepaar mit Kindern.
Am Handy: Geht klar, Chef!

Neulich im Möbelladen

SIE: Wir könnten den Fernseher doch auch auf die kleine
Kommode von Omma stellen, Reinhold.
ER: Und den Festplattenrecorder?
SIE: Ja, der kann ja im Regal stehen bleiben.
ER: »Der kann ja im Regal stehen bleiben«. Und die Kabel,
die ziehen wir quer durch das Wohnzimmer, oder wie?
SIE: Welche Kabel, Schatz?

NEULICH IM MÖBELLADEN

ER »Welche Kabel, Schatz«? Ja die, wo der Recorder an den Fernseher mit dranhängt.

SIE: Ach so, die hängen zusammen.

ER: »Ach so, die hängen zusammen«. Ja, meinst du, so'n Recorder, der lebt von Luft und Liebe?

SIE: Ja, wenn das so ist, dann stellen wir den Fernseher da hin, wo die Container stehen.

ER: Und das Sofa?

SIE: Das, äh, ... och, da is doch noch Platz.

ER: »Da is doch noch Platz«. Am Arsch is da noch Platz.

SIE: Sag nich immer so was, Reinhold, die Leute gucken schon.

ER: Die Leute! Weißtu, was die mich können? Die können mich am Arsch ...

SIE: Reinhold, die Leute! Aber jetz mal im Ernst, wenn du deinen Schrank mit den Pokalen etwas weiter nach rechts rückst, Reinhold, dann könnte ich meine Blumen dahin rücken.

ER: Meine Pokale wegstellen für deine dämlichen Pflanzen: Lieber hack ich dir 'nen Fuß ab.

SIE: Reinhold! Ich liebe dich doch, sag doch nich so was.

ER: Deshalb kann ich dir doch den Fuß abhacken, du Schlampe.

SIE: Reinhold, ich wollte doch nur, dass wir glücklich sind und mit den neuen Möbeln noch mal von vorne anfangen.

ER: Wenn du mich suchst, ich bin draußen, und ess mir 'nen Würstchen.

DEUTSCHLAND, DEINE DIALOGE

Neulich beim Friseur

– Nehmen Se doch schon mal Platz.

– So, und wie darf es bei Ihnen sein?

+ Ja, insgesamt so lassen, an den Seiten bisschen kürzer ...

– Ohren frei?

+ Ja, so halb frei eher.

– Und hinten?

+ Kürzer!

– Fasson oder angeschrägt?

+ Dasse nich mehr auf'n Kragen stehen.

– Aha! Vorne Pony nach hinten?

+ Äh, Scheitel!

– Tragen wir'n rechts oder links?

+ Links, glaub ich.

– Gut dann woll'n wir mal.

– Is nich schön heute. So nasskalt. Soll ja noch kälter werden. Ich hab schon zu Marlies gesagt – Marlies is meine
bessere Hälfte –, Marlies, hab ich gesagt, wenn dieses
Scheißwetter nich aufhört, dann kannst du nächste Woche allein an den Dümmer fahn. Wir ham in Lembruch
nen Wohnwagen schon seit Jahren. Warnse schon mal am
Dümmer? Im Sommer wunderschön. Ich sach immer zu
Marlies: Was soll'n wir nache Italiener fahn, nich. Wa-
rense schon mal in Italien? Alles verseucht. Alles total verseucht, man weiß gar nich, wo man sich hinsetzen soll,
der Spaghetti, der hat da doch einfach alles so laufen lassen, nich. Was halten Sie denn vom Italiener? Ich sach immer: italienische Kriegsflagge, nich, hähä, weißes Kreuz

NEULICH BEIM FRISEUR

auf weißem Grund, hähä, oder: italienischer Panzer: fünf Gänge: ein Vorwärts, vier Rückwärts, hähähähähä. Ich meine, so sieht's doch aus bei den Brüdern da, nich? Waren Sie im Krieg? Wenn wir den Spaghetti damals da nich rausgehauen hätten, nich, '44, nich, der hätte doch seine eigene Oma annen Russen verkauft, nich. Reicht's so vorne, oder noch etwas mehr ab? – Nich, feige Arschlöcher, nich, einer wie der andere, nich, Papagallo, nich, laufen rum wie Schwule, nich, alle zusammen, nich. Hab ich recht? Scheitel links oder rechts? Nich, ich sach noch zu Marlies, nich. Schleppst du mich in Urlaub nach die Makkaronifresser, nich, dann kannst du dein Testament machen, nich, auch wenn du meine Frau bist, nich ... Sind Sie verheiratet? Sein Se froh. Nich, auch wenn du meine Frau bist, nich, da kenn ich nix, nich, mit meiner eigenhändigen Schere, nich, in deine Augen rein, nich, Marlies, nich – so geht das, nich, da hol ich aus, nich, und dann –, du hast es nich gesehen, nich. Raus mitte Augen.

Oder was is Ihre Meinung? Frauen müssen hart rangenommen werden, nich, sonst werden se rebellisch, nich. Oder was sagen Sie? Nich. Am besten, jeden Abend welche mitten Plettbrett hinten vor. Nich, als Abschreckung, nich, einfach draufknallen, nich. Scheiß doch was drauf, nich, was diese Emanzen erzählen, nich, oder was ist Ihre Meinung, denen müsst es doch sowieso endlich mal einer besorgen, nich, von den feigen Spaghettis am besten, nich, bei diesem Scheißwetter, nich. Meinetwegen müsst es die alle nich geben, nich – alle, nich, die Spaghettis, nich, die Weiber, nich, alle, nich, alle anne Wand, nich. Trocken lassen oder anfeuchten?

III

+ Trocken lassen, bitte!
- So, macht genau sieben Euro, der Herr – noch was fürs Wochenend, hier die mit Noppen vielleicht, der Herr?
+ Nein, danke!

Neulich beim Waschmaschinenservice

Ein modernes Märchen aus dem vereinten Deutschland

E s begab sich aber zu der Zeit, als unsere Waschmaschine ihr bauknechtisches Leben aushauchte und es uns augenblicks an maschineller Waschkraft gebrach. Ogottogott, sprach meine Gattin, was nun, wie um alles in der Welt soll fürderhin unsere Wäsche blitzeblank werden und duften wie der prägüllerne Frühling? Sprach's und weinte gar bitterlich in ihren schwach geblümten Kittel.

Auch ich war der Sorgen voll und des Bieres gleichermaßen, das mein Körper gierig aufsog nach dem feigen Abgang des kubischen Personals. Und da plötzlich reifte ein Gedanke in mir: »Eine Miele muss her. Nur Miele, Miele sprach die Tante, die alle Waschmaschinen kannte«, wusste man schon in der Weimarer Republik.

Kaum geboren, war aus dem Gedanken ein strammer Jüngling geworden und saß mit mir vorn am Volant einer Neckarsulmer Droschke der Landeshauptstadt entgegenstrebend. Dort, so wusste das weise Zwischennetz zu berichten, residierte ein ausgewiesener Korrespondent des Gütersloher Unternehmens, dessen Produkten unser Interesse galt. Und siehe, es war wohl recherchiert: Tatsächlich kündete die Leuchtstoffröhren gestützte Reklame an einer Hausfassade von der Anwesenheit des besagten Waschmaschinisten. Kaum eingetreten, nahm uns die gediegene Atmosphäre in der Niederlassung sofort gefangen. Hier wurde keine schnöde weiße Ware in den Markt gedrückt, sondern ausgesuchten Gastfamilien ein stählernes Au-Pair anvertraut. Dankbar für das entgegengebrachte Vertrauen, zückten wir nur zu bereitwillig die Geldkatze und schütteten einen Berg Brüsseler Dublonen auf den Tresen des Kaufmannes.

Wieder zu Hause angekommen, barst unser Brägen schier vor Ungeduld dem Eintreffen des neuen Familienmitgliedes entgegen. Endlos erscheinende zwei Tage sollte es dauern, bis eine Stückgut-Kalesche aus dem Brandenburgischen auf unsere Hofeinfahrt einbog. Merkwürdig, dachte ich, was will denn der Osteuropäer hier, und dann auch noch mit einem Zivilfahrzeug? Meine Zweifel über Sinn und Frommen des unerwarteten Besuchs zerstoben alsbald wie die Rentenanwartschaften in Laatzen. Ohne den Umweg lässlicher Begrüßungsformeln trompetete der Fahrer sein Begehr in die kalte Novemberluft.

»Is det hier Wöllpuffhausen Doofenstraße fuffzehn?«

Knapp daneben ist auch vorbei, besonders beim Buchstabenraten. Ich wollte jedoch nicht rechthaberisch wirken gegenüber der leidgeprüften Leichtlohnkraft und bestätigte, mich in mein Schicksal fügend.

»Doofenstraße fünfzehn, stimmt.«

DEUTSCHLAND, DEINE DIALOGE

»Und Ihnen, is Ihnen, Moment, Dieter Wichser, nä, wattense, Wischeimer.«

Das ging dann doch zu weit und ich korrigierte behutsam
den Dechiffriervorschlag der bildungsfernen Schicht.

»Wichseimer ist richtig, aber Dietmar, nicht Dieter.«

»Alles eene Wichse, harhar«, parierte der Schimpanse
meine Steilvorlage.

Endlich kam er mit seinem Anliegen raus.

»Wir ham hier eine Waschmaschine für Wichseimer,
Doofenstrafe fuffzehn in Wollpuffhausen, is ditte hier richtig, oda wie seh ick dat?«

»Goldrichtig«, hörte ich mich sprechen, während meine
Gedanken einen ganz anderen Satz formten: »Wieso kommt
der alte Miele nicht persönlich, wieso schickt er diese unge-
hobelten Beutegermanen?« Meine Neugier wurde jedoch
nicht lange auf die Folter gespannt. Der *homo brandenbur-
giensis* setzte zu einer neuen Geräuschemission an.

»Wir machen die janze Auslieferung für den Raum Bielefeld bis rin inne Uckamark. Allet, wat wegmuss, is hier bee
Mirko in den Lasta, wa. Nu ma Butter beie Muschi, wo soll'n
det jute Stück hinjekippt wern?«

»Erster Stock.« Konnte ich gerade noch hervorkrächzen,
als ein Wortgewitter über mich hereinbrach.

»Scheiße, Scheiße, dreimal Scheiße, det hat jrade noch
jefehlt, un ick ha heute Morjen schon zu meene Frau jesagt.
Wetten, ha ick zu ihr jesagt, wetten, Jacqueline, det eener von
die Wessiwichser will, det icke die Waschmaschine in den
ersten Stock hochschleppe? Acht Stunden isset jutjejangen,
bloß in Parterre operiert, jing allet prima mit Sackkare pipapo, un nu dette. Scheiße, vafluchte stinkende Scheiße, det

114

hat ma jrade noch jefehlt. Det letzte Arschloch isset vonne janze Tour. So'n scheiß dämliches Arschloch, wohnen tuta unten mit seinem Arsch, aba Waschmaschine oben, wie dämlich is ditte denn, det is ja typisch für so'n Wessi-Arschloch. Find sich ja imma eener, der ihn den fetten Arsch nachträgt, ja, unsaeena wohnt im fünften, aba Waschmaschine is schön in Kella, ja, schleppt die Jacqueline jeden Freitag de janze Wäsche runter und wieda ruff. Da is sich die lackierte Wessibraut aba zu fein für, ne, da muss die Maschine zur Wäsche kommen, so een Arschloch, det ha ick übahaupt noch nich jesehn, anzeijen sollte man det Nazischwein, ja ...«

Neulich an der Tannenbaumverkaufsfläche

»Tach, na, bist de am Tannebäume verkloppen? Is ja noch 'ne Menge, die du da stehen hast, an Bäumen mein ich. Jedenfalls für Heiligabend. Wie viel mögen das sein? Dreihundert? Hchchchch. Alles Fichte, wa? Laufen nich, die Scheißdinger, hätt ich dir vorher sagen können. Der moderne Mensch will die Nordmanntanne, so sieht's nämlich aus, edel geht die Welt zugrunde. Sag ich immer. Musste alle wieder aufladen, die Scheißfichten nachher, wa? Wirste nich los. Elende Maloche. Haste alles voll Nadeln, ganze Klamotten voll, das geht bis in die Unterhose. Und das lass dir von einem alten Fah-

DEUTSCHLAND, DEINE DIALOGE

rensmann gesagt sein: Da brauchst du heute Abend bei deine Alte brauchst du nich mehr bei, wegen die Nadeln überall. Selbst geduscht lässt die dich nich mehr ran, wegen den Harz überall anne Finger, das krist du bloß mit Ata weg, das Harz. Aber vielleicht haste sowieso keine Lust. Ebbe im Portemonnaie, Ebbe inne Libido. Sag ich immer.

Zeig mal, was haben die denn bei dir gekostet überhaupt, die schäbigen Fichten? Nä, das meinst du nich ernst: fümmenzwanzich Es für 'ne Scheißfichte, krumm isse auch noch, eine Seite sieht se aus wie unser Omma nach'n Mittagsschlaf, nänänä, mein Lieber, keine zehn tät ich da für aus. Kann dir aber auch egal sein, kauft ja sowieso keiner mehr um diese Zeit. Is auch 'ne tote Ecke hier, erst über die Vierspurige, dann der Schlamm, warum haste keine Paletten hingelegt, wenigstens.

Und gleich alles aufladen, was? Dreihundert Bäume mit schätzungsweise acht Milliarden Nadeln und davon die Hälfte nachher in deine Unterhose. Chchchch. Möchte ich nich drinstecken in deine Haut. Sowieso nich, davon mal ab. Was biste für einer? Kosovo, Russe? Oder von noch weiter weg? Dachtest, da pack ich mir dreihundert Scheißfichten ausse Pripjet-Sümpfe auf mein Autotrailer und verbimmel die an die doofen Germanskis, hahahahaha, und von dem Geld kauf ich mir deutsche Auto. Chchchch. Denkste. So doof isser nich, der Deutsche, hähähähä. Auch wenn ihr den Krieg gewonnen habt, kaufen wir euch noch lange nich eure Krüppelfichten ab, Freundchen. Das kannst du ruhig weitererzählen, den andern da in deine kalte Heimat. Der Deutsche is nich total verblödet. So und nu gib mir eine mit von deine krummen Bäumen, ich entsorg die für dich, is ja Weihnachten, da wollen wir mal nich so sein. Musst du nur noch zwohundertneunundneunzig aufladen. Gib her, das Nadelholz.«

»Du Arschloch, du gib Pottmannanski, gib Uhr, und mach weg. Sonst du kaputt.«

Neulich im Ehealltag

SIE: Wann haben wir eigentlich das letzte Mal geredet?
ER: Wieso?
SIE: Ich meine, wann haben wir eigentlich das letzte Mal wirklich geredet?
ER: Über was?
SIE: Über uns natürlich. Oder findest du das etwa in Ordnung, so wie unsere Beziehung läuft?
ER: Nä!
SIE: Aber mal darüber zu reden, das kommt dir nicht in den Sinn. Die Beziehungsarbeit, die kann ich alleine machen.
ER: W e l c h e Arbeit?
SIE: Die Beziehungsarbeit, Herrgott, oder glaubst du etwa, das läuft automatisch, dass wir uns verstehen?
ER: Nä!
SIE: Also bitte. Meinst du nicht auch, wir sollten mal wieder reden?
ER: Bitte!

DEUTSCHLAND, DEINE DIALOGE

SIE: Ja, dann sag doch was! Sag doch endlich mal was! Öffne dich doch endlich mal! Tu was für unsere Beziehung!

ER: Was denn?

SIE: Rede endlich!!! Sprich dich aus. Was passt dir nicht? Welche Wünsche hast du? Wo fehlt dir etwas zwischen uns?

ER: Nirgends!

SIE: Was?

ER: Nirgends. Is so weit alles in Ordnung. So weit! Jedenfalls.

SIE: Findest du das etwa in Ordnung, was hier gerade zwischen uns läuft?

ER: Nä, beim besten Willen nicht.

SIE: Na bitte, dann sag das doch! Rede doch endlich. Sitz doch nicht einfach so da wie ein Betonklotz. Lass es doch endlich raus, sei doch mal du selbst, Herrgott noch mal!

ER: Bin ich doch!

SIE: Oh ja, und zwar seit acht Jahren! Seit acht Jahren sitzt du hier und wir reden nie miteinander, nie, nie, nie! Du, Hartmut, ich bin es leid, du, ich kann einfach nicht mehr, ich bin am Ende, Hartmut. Das geht so nicht weiter. Ich zerbreche daran, an uns, an dem, was hier zwischen uns passiert.

ER: Können wir morgen weiterreden, Schatz? Das Spiel fängt gleich an.

SIE: Morgen? Morgen bin ich schon vielleicht nicht mehr da!

ER: Gut, dann übermorgen, eilt ja nicht.

GANZ OBEN

Charity

Gutsein am Jahresende

Etwas Seltsames geschieht in diesem Land, wenn der erste Dominostein am Horizont erscheint: Ansonsten von Profitgier getriebene Unternehmen entdecken ihre feminine Seite. Gestern noch wurde eine langjährige Mitarbeiterin wegen eines zu viel abgerissenen Blattes Scheißpapier fristlos freigesetzt, heute sammelt und spendet man für in Not geratene Hartz-IV-Lebewesen. Wenn es der Zufall will, ist die nämliche Mitarbeiterin im kommenden Jahr Spendenempfängerin des eigenen Schicksalsvollstreckers. Dieser vorweihnachtliche Wahnsinn nennt sich Schärriti, früher Benefiz und ganz früher, als man noch Deutsch gesprochen und sogar verstanden hat: Wohltätigkeit.

Es ist insofern eine perfide Form der Großkotzigkeit, als dem Schärriti-Getue vordergründig kaum ein Ekel anhaftet. Ist doch schön, wenn sich jemand für krebskranke Kinder einsetzt, gegen den Hunger in der Welt etwas unternimmt oder Kriegsopfern ein normales Leben ermöglicht. Ohne Frage, doch warum tut er das die restlichen elf Monate des Jahres nicht auch? Ganz einfach, weil es so auch reicht, um sich den Ablassbrief fürs eigene Gutsein auszustellen – den meisten reicht es jedenfalls, dann wollen sie sich auch wie-

GANZ OBEN

der in Ruhe und Gelassenheit ums eigene Wohlsein kümmern.

Will man im Schärriti-Business erfolgreich mitmischen, ist die Auswahl der Begünstigten das A und O. Grundvoraussetzung ist deren Unschuldsunterstellung, deswegen stehen Kinder ganz oben auf der Liste, egal welcher Farbe und alle, die den Titel Opfer tragen dürfen. Eine Sammelaktion für in Not geratene Serientäter oder die Resozialisierung serbischer Kriegsverbrecher dürfte kaum Aussicht auf Erfolg haben. Zweite Voraussetzung ist die Fokussierung auf ein individuelles Schicksal. Je mehr es gelingt, dem Elend ein Gesicht zu verpassen, desto eher rollt der Rubel. Die Menschheit in Gänze geht den Spendierhosenträgern komplett am Arsch vorbei – zu neunundneunzig Prozent doofe Schweine und welche, die man nicht kennt. Sollen doch alle kaputtgehen, mir doch egal. Wenn das Kleinhirn allerdings in die treuen Hundeaugen eines tapferen Negerleins schaut, dann werden Endorphine ausgeschüttet, als wenn's bei Aldi Flachbildglotzen gibt. So ist denn auch die Schärriti zum ganz normalen Bestandteil des weihnachtlichen Beutegreifverhaltens geworden. Und immer, wenn man gerade dachte, hier hat der knallharte Kapitalismus wenigstens mal eine kurze Pause eingelegt, ist er dort gerade zu seiner Höchstform aufgelaufen. Ätsch!

Dekadenz

... war früher auch schon mal dekadenter

Guido Westerwelle und seiner lustigen Truppe haben wir viel zu verdanken auf Erden: die Geburt der Politik aus dem Schoß der Prinzipienlosigkeit oder, um einen Hauch deutlicher zu werden, die Verarschung des Wählers als Nibelgeschwader. Das Einzige, was einen dann doch immer wieder eine Restwärme für die liberale Burschenschaft einnehmen lässt, ist die arrogante Häme der anderen Pissetrinker im Parlament. Doch nun ist Guido zu weit gegangen: Er hat uns die süßliche Fäulnis der Dekadenz genommen. Bisher dachten wir, dekadent zu sein hieße, im gestopften Kaschmirsakko den Beluga aus der gesprungenen Untertasse zu löffeln oder vielleicht sogar: Schampus schlürfend draußen unterm Heizpilz dem Untergang des Planeten winkend zuzuschauen. Ja, das wäre was gewesen: Abkratzen ja, aber mit Stil – so hatten wir uns den Untergang erträumt. Das Fin de Siècle stand Pate, die letzten Jahre der Weimarer Republik – der Zerfall kann so berauschend sein, voller Sex und Absinth.

Doch urplötzlich taucht ein kleiner Westerwelle auf und beraubt uns des schönen Scheins. Dekadenz im Zeitalter des schwarz-gelben Furors zeigt sich wahrlich als Niedergang, Fäulnis und Zerfall, und zwar mit seiner ganzen ungeschminkten Fratze: Abermillionen fetter Hartz-IV-Amöben hocken den lieben langen Tag geistig abwesend in ihrer Fickzelle herum und warten auf das Taschengeld von Vater Staat.

Abends im Schutze der Dunkelheit schleichen sie zu den Trinkhallen und kaufen unverzollte Tabakwaren von polnischen Hehlern. Der einzige Kontakt zur Restpopulation der Steuerzahler besteht in der Schwarzarbeit. Durch die damit verbundenen Erlöse erklimmen sie pekuniäre Höhen, die durch schlichte Arbeit nie zu erreichen wären. Um nicht den Sozialneid der Steuerzahler und Lohnsklaven herauszufordern, schlappen die Hartz-IV-Amöben pseudodeprimiert durch die Gegend, trinken in der Öffentlichkeit nur billigen Fusel und stopfen sich dicke Kissen in die Jogginghosen. Zur Höhle heimgekehrt, beginnt sofort das mopsfidele Treiben der Taschengeldgruppe: In den Werbepausen des Unterschicht-Fernsehens fallen sie übereinander her und zeugen mehrfach unbegabte U-Bahn-Schubser im Dutzend. Ach, wo ist sie geblieben, die Edelfäule der Dekadenz vergangener Jahrhunderte, spätrömisch ist nur noch der Belag auf den Pizzaresten neben dem zugefurzten Sofa. Quintilius Westerwelle, gib mir meine Illusionen zurück.

Herrenmenschen light

Bimbos knuddeln mit Anspruch

Was treibt man eigentlich so als postkolonialer Herrenmensch, wenn einen die Eitelkeit juckt? Besonders als jemand, der früher im Rampenlicht stand und nun als Pensionär oder abgeweidete Fernsehkrampe ein Dasein im

Schatten fristet? Politiker, Popschranzen, Modefuzzis, Bonuszecken aus dem Topmanagement gründen Stiftungen oder starten Hilfsprogramme, vornehmlich für weit entfernte Säugetiergruppen, gerne auch für Menschen, wenn, dann aber nur mit Tschildren dabei, weil Tschildren sehen einfach besser aus als lepröse Bantu-Oppas mit abgefaulte Füße. Da nämlich fragt sich der bundesdeutsche Zeitungsglotzer, praktisch wie er nun mal ist, lohnt das Engagement überhaupt noch? Aber Tschildren, auch und gerade schwarze, sind immer gut, weil erstens niedlich, zweitens unschuldig, drittens »haben das Leben noch vor sich« und am allerwichtigsten: In einer Gruppe schwatter Tschildren sieht der europäische Herrenmensch light immer noch so groß aus wie MassaBuanaEffendi von früher. Nun könnte zwar der reiche Altweiße seine Lebensendfreizeit auch im Robinson Club von Phuket absitzen, doch um wie viel schöner ist es, mit einem Karton voll Dosenwürstchen nach Mosambik zu fliegen und den dortigen Bimboblagen eine kleine Freude zu bereiten? Denn deren Lachen ist ja noch echt und man selber fühlt sich wie St. Nikolaus am 6. Dezember. Strahlende Kinderaugen für ein Stück Schokolade, da stimmt das Preis-Leistungs-Verhältnis noch, dort unten am Sambesi. Hilfsgütertourismus ist der Bumsurlaub feinsinniger Kulturbürger, Vorteil oder auch Nachteil: Die Frau respektive der Mann kommt mit. Auch die ungewichste Seele braucht mal einen Orgasmus, will mal wieder das Gefühl von echter Dankbarkeit genießen, das Bewusstsein, etwas Sinnstiftendes getan zu haben. Wie sie juchzen und vor Freude am gemieteten Landrover hochspringen, die kleinen Schoko-Tschildren, wenn der weiße Massa mit den Päckchen kommt. Hilfsgüter-

GANZ OBEN

Endlagerung ist eine der ganz großen Zukunftsmärkte der südlichen Hemisphäre. All die geschundenen Individuen westlicher Verwertungsketten wollen auch mal liebgehabt werden – zumindest am Ende ihres Lebens oder vor Weihnachten. Noch verkaufen Afrika, Südamerika und Asien diese Dienstleistung viel zu billig. Doch auch die Prostitution der Dankbarkeit wird nicht mehr lange für eine Tafel Schokolade und zwei Entsalzungstabletten zu haben sein.

Dagegen ist der Negerkuss ja fast noch politisch korrekt.

Bücher, die das Fernsehen kritisieren

Selbstvergewisserung der Kulturschleimer

Will man sich rasch und schlüssig als unkultiviertes Arschloch outen, reicht der einfache Satz: »Ich gucke gern und viel Fernsehen.« Wer tut denn *so was?* Na klar: Das schon genetisch verblödete Prekarierschwein, aber ein kultivierter Herrenmensch, der greift doch des Abends eher zum guten Buch. Nö, tut er nicht! Denn da schaut er sich lieber wohlig angeekelt die aufgedunsenen Untermenschen in ihren zugemüllten Käfigen an: Zwegat, Frauentausch und Super-Nanny. Bei einem oder auch zwölf Gläschen gereiften Burgunder sich darüber zu amüsieren, wie der Tätowierte in Eisentittenstadt seine Kinder auffrisst, das ist noch viel lustiger als das Gleiche mit Löwen in der Serengeti.

Nun sagt der Kulturkritiker: »Aber, aber ich gucke doch hauptsächlich 3Sat, Arte und die ›Tagesthemen‹.« Sicher, und bei Frauen zählen hauptsächlich die inneren Werte. Egal, ob feistes Glotzenprekariat oder distanzierte Kulturratte: Fernsehen macht alle blöd.

Jetzt mal Hose runter, ihr verklemmten Kulturschleimer: Das Fernsehen macht weder blod noch schlau, sondern ist in erster Linie eine feine Sache. Ich kann dieses scheinheilige Kritischauseinandergesetze mit der Glotze nicht mehr hören, sehen oder lesen. Auf kein anderes Medium wird so eingedroschen, aber niemand wiederholt unablässig, dass in Büchern auch fast nur Schrott verbreitet wird. Schon gar niemand stellt das verkalkte Moder-Entertainment in Opernhäusern, Bayreuth oder Stadttheatern komplett in Frage. Da hält der Schmock doch lieber den Gedanken flach und sagt zum tausendsten Mal, dass wir uns in den Seichtgebieten der Mattscheibe zu Tode amüsieren. Natürlich nicht er, der Gebildete, bei dem der neue Kehlmann schon aufgeschlagen am Nachtkasterl ruht, gleich neben der Fernbedienung. Nein, gefährdet ist nur das Pack, weil es zappt, statt Programmempfehlungen der *ZEIT* zu studieren. Und diese kulturelle Müllkippe muss man davor bewahren, sich mit noch mehr Geflimmer komplett hinzurichten.

Deswegen erscheinen immer wieder neue Bücher, die die Glotze geißeln. Nur für wen eigentlich? Der bildungsferne Besoffski liest ja nicht und der schlaue Kulturrat weiß eh Bescheid. Worum also geht's wieder mal? Um kritische Onanie als Selbstvergewisserung.

Streichquartett

Modermüffelkultur vom Allerfeinsten

Gab es wohl jemals eine Zeit, in der die Menschen beim Anblick eines Streichquartetts in Verzückung gerieten? Wenn ja, dann ist diese Epoche längst im Dunkel der Geschichte verklungen. Heute gehört die zirpende Formation zur Speerspitze totlangweiliger E-Kultur. Tiefen Einblick in

STREICHQUARTETT

die verkorkste Seele des Deutschen gewährt der Unterschied zwischen »feiern« und »feierlich«. Unter »feiern« versteht der Germane seit jeher hemmungsloses Saufen gemischt mit Grölen und zotigen Witzen, auch unter dem Begriff »Stimmung« bekannt. »Feierlich« hingegen ist ein Attribut, das nicht dem kompletten Event zukommt, sondern nur einem Teil davon, deshalb stets in der Kombination »feierlicher Rahmen«. Und just der besteht häufig aus dem gefürchteten Streichquartett.

Da in der deutschen Leitkultur nur solches für ernsthaft und subventionswürdig erachtet wird, was mindestens sterbenslangweilig, wenn nicht hart am Rande des Psychoterrors daherkommt, gilt barockes bis klassisches Saitenspiel als höchste Form des bürgerlichen Lustaufschubs (um nicht zu sagen: dessen kompletter Verneinung). Mit knurrendem Magen versteinert dasitzen und eine kleine Ewigkeit dem Gewinsel lauschen, das ist schon eine harte Prüfung, vor der die bildungsferne Schicht die Läufe streckt. Und genau darum geht's: das Pack von den Futtertrögen fernzuhalten. Wenn die Vergrämungsbarden die Bühne erklimmen, liefe jeder normal sozialisierte Mensch der Gegenwart schreiend zur Toilette und schlösse sich dort für die folgende halbe Stunde weg. Nicht so zum Beispiel bei der Verleihung des Arschkriecher-Preises der Deutschen Proktologischen Gesellschaft oder Ähnlichem. Dort verharren die Menschen wie die Terrakottaarmee in ihrem Gestühl, beten innerlich, dass Telemann bald die Luft ausgehe und klatschen brav am Schluss, wenn die Katzenmusik erstirbt.

Da es immer noch eine erkleckliche Anzahl bürgerlich Gebildeter gibt, die sich auskennen in den muffigen Kellern

GANZ OBEN

der E-Musik und deshalb genau wissen, wann ein Stück zu
Ende geht, haben sich gewitzte Veranstalter eine neue Folter-
methode überlegt. Die heißt »Neue Musik Junger Komponisten«, und keine Sau weiß, wann die Kakophonie wohl ein
Ende nimmt, spätestens – so hofft man – bei der tariflich vereinbarten Höchstspieldauer des Staatsorchestergeigers.

Königin der Vergrämungsmusik ist allerdings die Mischung aus abendländischer Klassik und Drittweltinstru-
menten: »Joseph Haydns Quartett Divertimenti Opus 1 und
2 für Violoncello, zwei Tröten aus West-Mauretanien und einer ivorischen Ziegen-Zimbel.« Da paart sich andressierte
Ehrfurcht vor abendländischer E-Musik mit der Beißhem-
mung gegenüber primitiver Bimbomucke. Da sind wir jetzt
mal ganz tolerant und aufgeklärt und halten durch, wir bra-
ven Deutschen. Opa war schließlich in Stalingrad, das war
sicher auch nicht immer schön.

GANZ UNTEN

Oral History

Geblubber, Gefussel und andere Mitmenschengeräusche

Jahrtausendelang wurde die Geschichte der Menschheit nur mündlich übertragen. Wenn die dazu abgestellten Barden ähnliche Scheißelaberer waren wie Onkel Heinz, dann sind mir die Ursachen von Krieg und Völkermord endlich klargeworden. Zirka dreieinhalb Stunden verbringt der Durchschnittsgermane täglich vor dem Fernsehgerät und verwandelt sich dabei in eine fette Sesselamöbe. Noch mehr Zeit verbringt er in sogenannten Gesprächen mit anderen Amöben. Deren Inhalt und Dramaturgie sind allerdings noch weitaus unterirdischer als die behämmertste Nachmittags-Soap auf Ficki-TV. In der Oral History der Normo-Flitzpiepen geht es meistens um Heldengeschichten über Verstöße gegen die StVO. Umringt von Radarfallen, Radfahrern und absurden Alkoholverboten bahnt sich der Erzähler einen Pfad durch den Dschungel der Ungerechtigkeiten. Kein Zweifel, wer zuletzt als strahlender Siegfried aus Flensburg zurückkehrt, es ist naturgemäß die besoffene Arschmade, die uns diesen Bären aufgebunden hat. Ein anderes beliebtes Thema der erzählerischen Alltagsverarbeitung durch den Dumbo ist die geistige Umnachtung des Vorgesetzten und wie unser Held durch spontane Parallelschaltung seiner beiden Ge-

GANZ UNTEN

hirnzellen die Firma vorm Fiasko gerettet hat. Das muss alles nicht zwangsläufig gähnend langweilig sein, aber da Onkel Heinz und Kumpel Erwin nie gelernt haben, ihr eigenes Leben zu reflektieren und gewonnene Eindrücke in halbwegs spannende Plots zu kleiden, kommt nix wie Scheiße dabei raus, wenn sie das Maul aufreißen. Richtig übel wird es, wenn mangels eigener StVO-Übertritte der Stoff ausgegangen ist, und der Mülltexter anfängt, die Welt zu erklären: Was das eigentliche Problem mit der Einwanderung sei, welche alle in den Steinbruch gehörten oder wer sich demnächst mal warm anziehen solle. Da wird auch vor den Gesetzen der Physik nicht haltgemacht, wenn Onkel Heinz den Erdenkreis neu interpretiert: »Weißt du, warum es keine Segelschiffe mehr gibt? Zu windanfällig!« Aha, wieder was gelernt! Der semantische Sondermüll wird überall und bei jedem endgelagert, der nicht bei Drei ins Koma fällt. Vertrauen können die Blödelbarden der Neuzeit darauf, dass in unserer Zottelgesellschaft zuhören mehr gilt als interessant erzählen. Im Gegenteil, je scheißlangweiliger das Geblubber, als desto authentischer wird es bewertet. Der literarisch anspruchsvolleren Gestaltung der eigenen Lebenstexte wird generell die Lüge unterstellt. »So war das doch gar nicht, Helmut«, heißt es dann vom Eherochen, wenn Besagter der Anekdote aus seinem kläglichen Sachbearbeiterdasein eine winzige erotische Kopfnote aufsetzt, um die Zuhörer nicht komplett zu betäuben.

Richtig, so war es nicht ganz, aber ob Ödipus aus Versehen seine eigene Mama wirklich genagelt hat, ist letztlich auch egal. Es ist aber eine gute Geschichte.

Soziale Unruhen

Fluppen, Ficken, Fußball, Fernsehen billig! – Alles gut!

Wann entstehen eigentlich »soziale Unruhen«? Wenn's bei Saturn oder MediaMarkt Flachbildschirme für 'nen Fuffi gibt? Oder wenn's gar keine Flachbildschirme mehr gibt? Man weiß es nicht. Der gesellschaftliche Tsunami ist genauso rätselhaft wie sein maritimes Pendant. Mag sogar sein, dass *ein* zu viel entlassener Opel-Arbeiter schon die Katastrophe auslöst, und wenn dann noch der Benzinpreis auf 1,50 steigt, holt der Teutone seine gebunkerten Silvesterböller aus'm Schrank und legt das Land in Schutt und Asche. Ja, so kann's kommen, wenn nicht *stante pede* noch ein paar Milliarden Euro in den Futternapf des Wählers geschmissen werden.

Die Verhausschweinung des Deutschen ist so weit fortgeschritten, dass kleinste Irritationen in der Fütterung das Mastziel verfehlen lassen. Unruhe im Stall ist da gefährlich. Solange die fetten Schweine aber genug zu fressen kriegen und keine Fremden reinkommen, suhlt sich das Vieh wohlig im eigenen Kot. Ab und zu ein paar Antistimulanzien aus der Pharmaforschung, und Ruhe herrscht auf der Farm der Tiere. Deshalb kann nur ein weltfremder Trottel auf die Idee gekommen sein, just in der Krise die Fluppenpreise zu erhöhen. Eine Schachtel Zichten so teuer wie 'ne Kiste Oettinger, da gruselt's den abstinenten Kettenraucher, doch der Gersten-User freuet sich.

GANZ UNTEN

Häufig wird spekuliert, worin das Geheimnis des sozialen Friedens in Deutschland läge. Dann schwadronieren DGB und Politik über Mitbestimmung und Mindestlohn – müsste halt jetzt auch mal kommen. Doch ihr Völker der Welt, schaut auf den deutschen Getränkemarkt! Da kann jeder – ob Reitersmann oder Knapp – noch für schlappe sechs Dublonen zehn Liter bestes Pils erwerben. Selbst gelernte Trinker brauchen selten mehr als fünf Liter, um sich in den sozialen Frieden zu flüchten. Macht drei Euro Bedröhnungskosten pro Tag und Nase, und wir saufen uns die Krise schön. Bereits ab Flasche Numero zwo fehlt der Elan, Barrikaden aufzuschichten, und nur die Aussicht auf einen schönen Abend an den Ufern der Bierkiste lässt Anne Will und ihre fünfeinhalb Zwerge wie Schneewittchen und die vierzig Gläubiger erscheinen. Keine Angst, Gesine: Solange Oettinger nicht im Preis anzieht, gibt's hier keine Panik auf der Titanic.

Betreuungsgutscheine
Die Fettleber der Bodensätzlinge

Wir haben's eh gewusst: Gibt man den Kaputten Bargeld auf die Tatze, wird es eins zu eins in Bier und Fluppen umgesetzt. Die Flachbildglotze hat schon das Stützenamt bezahlt, und Poppen ist sowieso umsonst, solange Mama nicht den Sittich macht. Was braucht das bildungsferne Prekarierschwein noch mehr zum Glücklichsein? Ab und zu 'ne neue

BETREUUNGSGUTSCHEINE

Büx für untenrum und wenn der DVD-Abspieler den Geist
aufgibt, dann geht der Transferleistungsträger ins Sozial-
kaufhaus, kostengünstig mit dem Sozialticket der Verkehrs-
betriebe, und mittags chauffiert er mit den Bälgern zum
Fressen an die Tafel. Sogar für den Zottelköter gibt's 'ne Hun-
detafel, und wenn einem das eigene Geschlecht nicht mehr
passt, verklagt man die AOK auf Genitaltuningkostenüber-
nahme. So herrlich und beschwerdefrei stellt sich für die
Menschen aus der Mehrwertschöpfung das Leben der Bo-
densätzlinge dar. Wozu also der Mischpoke noch mehr Geld
ins Rektum pumpen, wird doch nur versoffen oder – neueste
Unterstellung im Prekarier-Bashing – zum Hausbau in der
alten Heimat verwendet, sprich: Türkei. Da niemand mehr
wirklich glaubt, die Stützefresser könnten jemals wieder in
den Arbeitsprozess eingegliedert werden, kann man sie
gleich noch mehr der Normalität entfremden. Das Zauber-
mittel dazu heißt »Betreuungsgutschein« und soll eigentlich
– jetzt mal 'ne kurze Pause zum allgemeinen Auflachen –
soll eigentlich dazu dienen, die Zuwendung des Staates dem
Kindeswohl angedeihen zu lassen, statt dass die alleinerziehende Prekaria sich davon einen Rausch ansäuft.

So viel ist klar: Spätestens eine Woche nach Einführung
dieser Parallelwährung kann man mit Betreuungsgutscheinen an jedem Kiosk Alk und Zichten kaufen. Für wie doof
halten die Politiker eigentlich die Leute da unten? Vielleicht
steckt aber auch eine ganz andere Strategie dahinter: Wie bei
Geschenkgutscheinen hofft man auch hier, dass die Einlöse-
quote bei unter fünfzig Prozent liegt. Es handelt sich also um
einen getarnten Schattenhaushalt, denn die Nichteinlöse-
quote wurde schon intern budgetiert.

GANZ UNTEN

Hut ab, Schwarz-Gelb, sage ich da. Und empfehle auch die Opel-Bürgschaft und jede weitere Milliarde fürs darbende Bankengesocks in Betreuungsgutscheinen auszuschütten, denn die haben noch viel weniger gelernt, mit Geld umzugehen als die sogenannte Unterschicht.

Glauben Sie, dass ein Hund aus diesen Einzelteilen ein ganzes Würstchen zusammensetzen könnte? So! Und wieso denken Sie, dass die Bank aus Ihren Spareinlagen ein Vermögen bildet?

Ein-Euro-Läden

Da shoppt der Algebramuffel

Auch für dyskalkulatorisch anders Begabte hält unsere lustige Republik Inseln des Verstehens bereit. Diese nennen sich Ein-Euro-Läden, und jeder Doofkopp kann anhand der Anzahl gekaufter Produkte selber ratzfatz den Gesamtpreis ermitteln. Das ist das eine Schöne an den Shops für Doofe, das andere ist der darin verbreitete Glaube, die Besitzer des Gerümpelparadieses würden dank reiner Menschenfreude wertvolle Produkte aus Industrieüberschüssen zu einem Witzpreis abgeben. Ladenbesitzer können vieles sein, Menschenfreunde sicher nicht, dazu haben sie einfach zu viel Kontakt mit dieser ekligen Spezies. Was also Schnäppchenmarkteigner antreibt, ist dasselbe wie bei jedem anderen Ladenschwengel auch. Er will die Kunden nach Strich und Faden behumsen und mindestens einhundert Prozent Marge einstreichen. Für den Ein-Euro-Laden bedeutet das: Die Hälfte des Ramsches ist gar nichts wert und wird nur über diesen kostengünstigen Weg entsorgt – vielleicht mal eine Idee für neue Endlagerstandorte, wenn man denn Plutonium zu Fußmatten oder Kerzenständern formen kann. Gleichviel: Die andere Hälfte der Produkte ist für weit unter einem Euro woanders zu haben, doch für die schon oben erwähnten Einmaleins-fernen Schichten klingt 1 Euro halt weniger als 20 Cent. Drum schaufelt er sich die Teelichte einzeln für 'nen Euro in den Wagen, weil's so schön nach billig klingt. Nicht zu unterschätzen ist auch der Arschmade ständige Gier nach Vorteilsgewährung auf Kosten anderer. Harharhar, spricht es da im schäbigsten Teil des Konsumentenhirns: Da ist ein namhafter Zimmerspringbrunnenhersteller pleitegegangen, und ich kann mir den bildschönen Stubenregner jetzt für 'nen schlappen Doppelfuffi schnappen, harharhar. Des einen Elend ist des andren Glück.

Für die Hartz-IV-gebeutelten Republikinsassen bedeutet das Schnäppchenparadies die letzte Illusion, noch irgendwie Teilnehmer der Konsumgesellschaft zu sein. Selbst für seinen Lazarussold kann er sich den Wagen richtig vollladen: chinesische Badeschlappen, aus denen toxischer Weichmacher entfleucht, ein Glas Sprühwaldgurken mit Entlaubungsgiften, Pötte jeder Größe und Couleur, die es sonst als Umverpackung für gar nix gibt und jede Menge Plastikblumen, die etwas Freude in die Verliererhöhlen zaubern. Das Ein-Euro-Schnäppchenparadies – aus diesem wird der Mensch jedenfalls nicht vertrieben.

Sucht für Schmales

Grundrecht auf Rauchen und Saufen

Alkohol und Nikotin rafft die halbe Menschheit hin, aber ohne Schnaps und Rauch stirbt die andere Hälfte auch« – das ist eine der wenigen seriösen Ansichten zum Suchtalltag des Mitteleuropäers. Der logisch falsche Umkehrschluss ist besonders im Prekariat beliebt: Scheißegal, ob ich quarze und

SUCHT FÜR SCHMALES

saufe, ich geh sowieso kaputt. Sicher, und das mit Recht! Erst
mit der Erlangung eines mittleren Wohlstandsniveaus setzt
sich beim Verbrauchten die Erkenntnis durch, dass nicht Alk
und Fluppen per se des Teufels sind, sondern Regelmäßigkeit
und Menge die Sargnägel sind. Es existiert ein hinreichender
Verdacht, dass eine Pulle Schnaps pro Tag und vierzig Selbst-
gedrehte die Mortalität nicht als solche bedingen, aber das
Eintreffen selbiger ungeheuer beschleunigen. Das wussten
auch die Entdecker der Hartz-IV-Gesetze und schrieben den
Schutzbefohlenen 11,58 Euro für Ziggis und 7,52 Euro für Sprit
ins Lastenheft. Auf Deutsch gesagt: eine Zichte und 0,33 Liter
Billigbier pro Tag. Mit diesen homöopathischen Dosen fiele es
selbst schwer, ein Vorschulkind in die Sucht zu treiben. Trotzdem murrte republikweit das Volk der Anständigen, es könne
doch nicht Aufgabe des Steuerzahlers sein, dem Prekarier-
Rudel die Sucht zu finanzieren. Hoppala, wenn das also schon
Sucht ist, dann sind ja alle Hartz-IV-Bezieher süchtig, und das
ist ja eine Krankheit, und damit haben fünf Millionen Süch-
tige Anspruch auf eine vom Steuerzahler finanzierte Thera-
pie. Als die Merkel-Mäuse diesen Anspruch mal flugs hoch-
rechneten, wurde aber so was von rasch zurückgerudert. In
der Neuformulierung ist von Alkohol und Tabak nur als Aus-
druck des Lebensstils die Rede. Auf dass keiner der Banausen
mit Hilfe gerissener Anwälte auf die Idee komme, den Staat
für seine Alksucht oder Nikotinabhängigkeit in Regress zu
nehmen, werden die 20,00 Euro für Fluppen und Alk auch
nicht mehr in die Hartz-Knete eingerechnet. Um die Sache
noch wasserdichter zu machen, wurden beim gepimpten
Hartz-IV auch noch Schnittblumen und Tierfutter aus dem
Leistungskatalog gestrichen. Mutti die Tulpen versaufen und

GANZ UNTEN

Bellos Pansensticks verrauchen – das läuft nicht mehr. Will man sich also noch halbwegs wie ein normaler Suchtknochen in der Gesellschaft bewegen, muss man die Bildungsgutscheine von den Kindern versaufen – hilft ja nix.

Wie's endet, wusste schon Wilhelm Busch: »So geht's mit Tabak und Rum, erst bist du froh, dann fällst du um.« Und je eher, desto besser, denn Rentenbeiträge sind auch nicht drin im Leistungskatalog.

Warum gerade ich?

Ein sentimentales Märchen aus den neuen Bundesländern

Rattenroda im Jammertal, unweit der tschechischen Grenze. Wir schreiben das Jahr 2002, wochenlang stieg der Pegel der Jammer im engen Tal. Das kleine Häuschen vom alten Pagulla hatte der wütende Bach schon vor drei Tagen mit sich fortgerissen. Spielende Pitbullwelpen entdeckten seinen Kopf sechs Kilometer stromabwärts. Als man schon dachte, das Schlimmste sei überstanden, holte der Jammer zum großen Schlag aus: In einer gigantischen Flutwelle fegte er durch die Einkaufsmeile von Rattenroda und zerstörte alle Geschäfte, mutige Existenzgründungen am Rande der Insolvenz: Ronni's Klappmesser Shop, Mirko's Tattooparadies, Sascha's Piercingscheune und Cindy's Schnäppchenschuppen.

138

WARUM GERADE ICH?

Nur der etwas abseits stehende Schlemmertreff von Mandy Schaluppe hatte die Sintflut überlebt. Mandy hatte das Schicksal auch so nicht gerade verwöhnt: Zwei Fettabsaugungen in einer rumänischen Schönheitsklinik waren böse in die Hose gegangen. Ihr Hintern sah aus wie die Wamme eines Bluthundes, ihr Bauch hing irgendwo am nördlichen Wendekreis der Kniescheibe. Allein das hübsche Gesicht mit der frechen Papiermütze ließ noch etwas erahnen von der ehemaligen Miss Jammertal 1988. Den Schlemmertreff hatte sie eröffnet, als ihr Mann Sigurd sie wegen einer siebzigjährigen moldawischen Nutte verlassen hatte. Völlig mittellos ohne das Einkommen ihres Mannes aus der Schwartenfabrik stand Mandy vor dem Nichts. Doch sie fasste wieder Mut. Von ihrem letzten Geld reiste sie nach Rumänien und ließ sich in der Nosferatu-Klinik von Temeschwar den riesigen Hintern drainieren und zwei Wochen später drei Schweineeimer voll Fett unter der Bauchdecke wegsaugen. Das Ergebnis war so furchterregend, dass sich sogar der abgebrühte Chefarzt Whiskas Hundefutta in die bereitgestellten Flomeneimer übergeben musste.

Mandy Schaluppe war zum zweiten Mal am Boden zerstört. Mit dem wenigen Geld, das sie als Prostituierte in einem Bukarester Puff für Bauchfaltenperverse verdiente, reiste sie zurück nach Rattenroda und übernahm den verschimmelten Imbiss ihres verfaulten Vaters. Zwei Eimer gelbe Farbe und zehn Liter gebrauchtes Frittenfett aus dem Westen zauberten aus der verrotteten Madenbude des Vaters Mandy's Schlemmertreff. Es gab Hackepeter-Hawaii, Riesenknacker spezial oder Soljanka aus den Abfällen der Schwartenfabrik – alles Gerichte, bei denen selbst der grindigste Erwerbslose aus Rattenroda den Brechreiz nicht mehr unter

GANZ UNTEN

der Decke halten konnte. Dazu kamen der Hängearsch und die Schlabberwampe der Eignerin, die selbst das gnädig modellierende Fleece des hellgrünen Jogginganzuges nicht kaschieren konnte. Kurz: Mandy Schaluppe war total am Ende. Und jetzt auch noch das. Nur um zehn Zentimeter hatte die Flutwelle des Jammerbaches ihren rattigen Imbiss verfehlt. Dabei hatte sie sich schon erträumt, was sie mit dem Geld aus der Fluthilfe Ost alles anstellen konnte: Sie hätte sich den Hintern und die Bauchdecke absteppen lassen und mit dem Rest einen Laden für Anglerbedarf eröffnet: Mandy's Madenshop, das war schon immer ihr Traum. Vierzig Einmachgläser Maden hatte sie schon im Schlemmertreff in den vergangenen Monaten gesammelt. Doch leider hatte der Fluss ihre alte Moderbude nicht fortgeschwemmt – und da hockte sie nun: eine extrem aus dem Leim geratene Mittvierzigerin ohne Hoffnung und ohne Hintern.

Längst mutlos geworden, hängt die labbrige Frau das Schild mit dem Sonderangebot nach draußen. Denn heute ist ein wichtiger Tag, der Bundeskanzler hat sich angesagt, um die leidgeprüften Menschen im Osten nach der Flut mit seiner Anwesenheit zu trösten. Für Rattenroda hat er sich genau dreizehn Minuten Zeit genommen. Alle Einwohner sind völlig aus dem Häuschen, etliche haben sich sogar extra saubere Schlüpfer angezogen.

Um 14:12 Uhr landet der Hubschrauber der Flugbereitschaft auf dem Sportplatz vom FC Schwarte Rattenroda. Vier BKA-Beamte mit Knopf im Ohr stürmen als Erste hinaus, dann steigt der Bundeskanzler, den rechten Arm leutselig winkend, die Treppe hinab und blickt über den zerstörten

140

Ort. Es braucht nur Bruchteile von Sekunden, bis das Adlerauge des abgebrühten Regierungschefs ein Schild am Ufer des Flusses entdeckt: Mandy's Schlemmertreff. Heute: Currywurst 1 Euro. Und daneben eine quallige Wahlberechtigte, die ihn anschaut.

Der Magen des Bundeskanzlers signalisiert sofort »Einfuhrgenehmigung«, eine amtliche Currywurst, das wäre jetzt genau das Richtige. Scheiß doch was auf das Elend der blöden Ossis, warum sind sie auch nicht rechtzeitig geflohen, jetzt haben sie den Salat, selber schuld. Gemessenen Schrittes, aber dennoch forsch hie und da ein Autogramm auf rosige Kinderbäckchen kritzelnd, geht der Kanzler in Richtung des Schlemmertreffs. Mandy Schaluppe sackt das verfettete Herz in die Jogginghose.

Am ganzen Leibe zitternd, würgt sie hervor: »Sehr gern, Herr Schröder, einmal Curry und ein Pils«, doch längst hatte der Schleier der Illusion Mandys Sinnesorgane getrübt.

Mandy Schaluppe, eine fehlerhaft abgesaugte Hoffnungsendzeitfigur aus dem Erzgebirge, wird es warm ums Herz – zum ersten Mal seit mehr als dreißig Jahren wieder, seit damals Sigurd sie nach der Jugendweihe in der Schwartenfabrik wund geliebt hat. Es ist zu schön, um wahr zu sein. Um die feiste Wählerin nicht zu enttäuschen, verschlingt der Bundeskanzler die komplette Currywurst. Später im Hubschrauber der Luftwaffe wird er sie in Gänze wieder hervorwürgen müssen, das ist ihm jetzt schon klar. Aber hier nun heißt es, Haltung bewahren, zumal die ersten Kameras schon durch die vergilbten Fensterscheiben lugen und ein kotzender Kanzler nicht das ist, was man sich unter Chefsache »Aufbau Ost« vorstellt.

GANZ UNTEN

Mandy Schaluppe plappert auf den würgenden Regierungschef ein, sie erzählt von ihren Plänen, ein Madengeschäft für Angler einzurichten, sie fragt ihn, ob er mit ihr nach seiner Amtszeit hier in Rattenroda leben will. Doch der Kanzler hat seinen Brechreiz kaum noch unter Kontrolle, ist es die Wurst, ist es die Geschichte von den Maden oder der Anblick Mandys – er muss dringend zurück in den Hubschrauber und gepflegt abreihern, sonst wird das hier eine Katastrophe geben und die »Tagesthemen« haben ihren Auf-

Schnecken sind auch ekelig, aber wesentlich teurer.

macher. Mühsam ringt er sich noch ein paar aufmunternde
Worte ab. Dann stürzt der Regierende hastig in den Helicop-
ter, reißt mit der Rechten eine Kotztüte auf, reihert wie eine
besoffene Nebelkrähe, während er mit der anderen Hand
geistesabwesend vor dem Fenster rumwedelt – ein leutseliger
Abschiedsgruß für die Bewohner Rattenrodas.

Vor ihrem Schlemmertreff am bröckelnden Ufer des Jam-
mertals steht Mandy Schaluppe, schaut dem aufsteigenden
Hubschrauber nach und merkt zu spät, wie ein Nachzügler
der großen Flut sie mit fortreißt. Zwei, dreimal schaut ihr
hübsches Gesicht noch aus den Wellen, dann schwimmt nur
noch das freche Papierschiffchen oben. Doch ihr letzter Gedanke an die wunderschöne Begegnung mit dem Kanzler
zaubert ein überglückliches Lächeln auf ihr Gesicht.

VERKEHRTE WELT

Berliner S-Bahn
Komplett im Arsch, aber sexy

Es kann nicht sein, dass die S-Bahn dauernd von den Fahr-
gästen demoliert wird, sagte sich die Bahn-AG, da wollen
wir auch mitmachen – und zwar richtig. Während sich die
Insassen darum kümmern, dass die Scheiben anständig zer-
kratzt, Polster geschlitzt und andere Fahrgäste ausreichend
genervt sind, sorgte sich die Eigentümerin um die Zerstörung
der Radsätze. Trotzdem rollt derzeit noch ein Drittel der Züge
auf den verbliebenen Relationen. »Ja nun«, so ein Bahnspre-
cher, »was will man machen, wenn keiner die Gleisanlagen
sprengt, fahren die Scheißdinger immer weiter.« Der Endsieg
über den Mobilismus ist noch lange nicht in trockenen Tü-
chern: Schienenersatzverkehr, Aktion Roter Punkt, zu Fuß
latschen, sogar die Binnenschifffahrt wird genutzt, um eine
notdürftige Ortsveränderung zu gestalten. Aus seinem Ban-
ken-Exil meldet sich sogar Ex-Finanz-Granator Thilo Sarrazin
mit einem Lösungsvorschlag zu Wort: »Die Hartz-IV-Kram-
pen sollen gefälligst bis Mitte August mit ihrem Arsch zu
Hause bleiben.« Recht so, was soll überhaupt dies viele Rum-
gejuckel durch die Stadt? Der Jugendliche kann doch auch
mal daheim bei Mami die Fensterscheibe zerkratzen, der Blö-
delbarde sich in der eigenen Lokuszelle einen fiedeln.

VERKEHRTE WELT

Am besten, man macht die ganze S-Bahn einfach dicht, da muss auch mal schienenmäßig ein Schlussstrich gezogen werden unter vierzig Jahre DDR. Die kaputten Radsätze, hat die nicht Ulbricht noch selber unter die Waggons geschraubt? Da ham wers! Die Senatszuschüsse für den Nahverkehr kann man sicher auch anders verjubeln, muss ja nicht alles in die DB-Schatulle wandern. Man könnte doch genauso gut ein paar neue Opernhäuser auf die Schienen bauen. Würde die S-Bahn gar nicht erst wieder aufgemacht, reduzierte das die Kriminalität in der Stadt um dreißig Prozent, das wäre doch ein schöner Erfolg. Und verleitet die Verkehrsinfrastruktur nicht ohnehin zur Kriminalität? Müssten die Schweinepriester überall mit dem Fahrrad hin, würden sie viel weniger straffällig werden. Überhaupt: Stehen die Gleise nicht dem Aufstieg Berlins zur Weltmetropole im Wege? Vergleichbare Städte wie Kuala Lumpur oder Mumbai haben keine S-Bahn, da kann auch nix kaputtgehen. Ja, da gibt's auch keine Transferleistung, da sitzt der Randgruppenmensch nicht bräsig im Zugabteil, sondern läuft im Geschirr der Rikscha.

Wie jede Krise birgt auch diese die Chance zur Veränderung, und vielleicht gelingt es Berlin, das Nahverkehrskonzept gänzlich auf neue Beine zu stellen – es gibt ja genug davon, die bisher nur auf dem Sitzpolster gegenüber hochgelegt wurden. Halali und einen schönen verkehrsberuhigten Tag wünsche ich noch.

Straßentheater

Wenn die Polente ein Stück einübt

Eine Straßenkreuzung wie tausend ähnliche irgendwo in Deutschland, doch etwas ist anders. Die Lichtzeichenanlage sendet keine Botschaften an den Verkehrsstrom, die nämlich ist ausgefallen und deshalb wird an dieser Kreuzung ein experimentelles Theaterstück aufgeführt mit dem Titel »Vier Idioten für ein Halleluja«. Die vier tragen Polizeiuniformen, also diese neuen schwarzen, die man vom Wachpersonal der Kaufhalle oder aus den billigen Schwulenbars der Vorstädte kennt. Damit die vier schwarzgewandeten Trottel nicht sofort vom Durchgangsverkehr übergemöllert werden, haben sie sich neongrüne Warnwesten aus dem Bistro-Shop der Tanke übergestülpt. Das hat ihrer eh kaum vorhandenen Autorität den Todesstoß versetzt. Nun erkennt wirklich niemand mehr den Wachtmeister in ihnen, sondern glaubt zu sehen, wie ein paar offensichtlich Geisteskranke, die man vergessen hat, nach dem letzten Christopher Street Day wieder einzufangen, im fließenden Verkehr mit riesenhaften Handys rumfuchteln. Ab und an schreit einer von ihnen in Polyphems Mobilfunke hinein und dann springt ein anderer auf der gegenüberliegenden Straßenseite todesmutig vor ein fahrendes Auto und schreit den Fahrzeuglenker an: »Ey, stehen bleiben, du Arschloch«, lautet die Textzeile des Trottels Nummer 2. So geht es immer reihum, erst schreit einer seinen Robotron-Handy-Prototypen an, dann springt ein anderer in den Verkehrsfluss und beschimpft den nächstliegenden PKW-Fahrer. Nur wenn dieser sich auf einen eigenen Redebeitrag einlässt, sagen wir mal mit »Selber Arschloch«, erfährt das Schauspiel einen seiner wenigen Höhepunkte. Der Schwarzkittel in der Warnweste notiert sich das Kennzeichen des Gesprächsteilnehmers und kichert blöde in sich hinein. Warum, darüber gibt dieser Teil der Slapstick-Komödie keinen Aufschluss, ich denke aber, in einer Fortsetzung kommt es zu einer unschönen Überraschung für den zivilen »Arschloch«-Verwender. Gleichviel, so überraschend, wie das Theaterstück zur Aufführung gelangte, so plötzlich ist es auch vorbei.

Mit einem leichten Flackern zu Beginn, nimmt die Lichtzeichenanlage ihre Arbeit wieder auf, und ab da fließt der Verkehr wieder in gewohnter Ordnung über die Kreuzung. Am Rande der Freilichtbühne krabbeln vier ausgelaugte Honks in einen VW-Bus und sagen übriggebliebene Texte auf, in denen das Wort »Arschloch« häufig fällt, meist sogar im Plural und ergänzt durch das ein oder andere schmückende Beiwort, sagen wir mal »stinkende Arschlöcher« oder so. Mir bleibt nach dieser unterhaltsamen Vorstellung nur, daran zu erinnern, dass in fernen Zeiten oder auch heute noch in gar nicht mal so fernen Ländern ein einziger Polizist in weißem Gummimantel und mit einer Trillerpfeife den Verkehr weitaus souveräner im Griff hatte als diese vier fuchtelnden Idioten mit ihren Funkgeräten.

Hitze in der Bahn

Gleisgebundene Grillparty
mit Menschenfleisch

Weil die Verspätung als Kundenvergrämung nicht aus-
reicht, überlegt sich der gleisgebundene Horrorladen
ständig neue. Zum Beispiel, nur noch mit halben Zügen in
den Bahnhof einzulaufen und die Fahrgäste mit einer Reser-
vierung im virtuellen Zugteil in den Gang des real existieren-
den Restzuges zu pferchen. Hihi, wie sie fluchen, die kleinen
Schnäuzchen! Leider wurde dadurch auch das Fahrgastauf-
kommen noch nicht auf börsentaugliche Untergrenzen redu-
ziert, also geht's jetzt dem Kunden endgültig an die Wäsche.
»Wie wär's denn«, sprach der Human-Cargo-Vicedirector auf
der letzten Vergrämungssitzung des Bahnvorstandes, »wie
wär's denn, wenn wir versuchen, die Kunden umzubringen,
dann kommen sie gar nicht mehr wieder?« Da ging ein Juchzen durch das Meeting, endlich mal 'ne zielführende Solu-
tion beim Lethal-Ticketing. Gesagt, getan: Pro Versuchs-ICE
wurden erst fünfzig, dann neunzig Prozent der Klimaanlagen
zerstört, um zu sehen, bei welcher Temperatur und welcher
Fahrgastdichte in etwa die Mortalitätsrate des Transportgutes
liege. Wissenschaftlich begleitet wurde der Großversuch vom
bahneigenen Institut für Sozialdarwinismus, das auch die
Bahnsteigbreite mitkonzipiert hat. In einer Pressemitteilung
der Deutschen Bahn hieß es vorsorglich, dass das Betätigen
der Notbremse oder Einschlagen der Fenster bei Erstickungs-
gefahr der Reisenden strafrechtlich verfolgt werde. Wäre ja

VERKEHRTE WELT

noch schöner, wenn die abnippelnden Arschgeigen den schönen Versuchsaufbau stören!

Das erste Wochenende mit tropischer Hitze schien wie gemacht für den Test. Ausgewählt wurde die Strecke Hannover – Bielefeld, fünfundvierzig Minuten ohne Halt müsse genügen, hieß es in Bahnkreisen, um die Bande zumindest so weit zu grillen, dass sie nie wieder ein Ticket kaufen. Damit der Test als solcher nicht auffällt, wurden auch auf anderen Strecken nach dem Zufallsprinzip Klimaanlagen kaputt getreten. Toller Erfolg: Eine Schulklasse, immerhin junge gesunde Menschen, kollabierte und musste ärztlich behandelt werden. Bei einer Restlebenserwartung der Jugendlichen von beinahe siebzig Jahren hat sich der Vergrämungsaufwand gelohnt. Alte Menschen kamen nicht zu Tode, ist aber auch nicht so wichtig, denn die fahren ja in den verbleibenden Jahren eh nicht mehr so oft und können auch die Ticketautomaten gar nicht bedienen.

Nach dem erfolgreichen Test wies ein Sprecher der Bahn darauf hin, dass bei über eintausendfünfhundert Bahnverbindungen in nur wenigen Dutzend die Fahrgäste gekocht wurden. Was ich immer sage: alles Statistik. Man kann lange über die Ermordung Kennedys lamentieren, aber zu gleicher Zeit haben auch eintausendfünfhundert amerikanische Politiker überlebt – muss man auch mal sehen. Die Bahn in jedem Falle hat schon beschlossen, den Großversuch im kommenden Januar zu wiederholen, dann mit abgeschalteten Heizungen bei minus 15 Grad Außentemperatur.

Im Wohnmobil unterwegs

Urlaubsziel Fäkalienentsorgungsstation

Mit Mama in der Tupperdose um die Welt, das ist der Traum der deutschen Pensionäre. Warum nur zu Hause scheiße wohnen, das geht doch auch im Urlaub! Plastikweiße Furzbude auf Lieferwagen-Chassis, fertig ist der Rentner-Traum. Kosten spielen da keine Rolle, auch wenn man für den Gegenwert des potthässlichen Plastebombers bis weit über die Lebenserwartung hinaus alljährliche Urlaube in Luxushotels hätte buchen können. Aber nimmt nicht Moamar al-Gaddhafi sein Zelt auch immer mit, wenn er auf Reisen geht? Siehst du, so sieht wahrer Luxus aus: das eigene Scheißhaus immer in Reichweite, die Unterhosenmilbe des Mitmenschen dagegen nicht. Zugegeben, wenn man sich mal recht vor Augen führt, wer vor einem das Hotelzimmer besiedelt hat, kann man sich schon in Würgereiz und Ekel hineinsteigern. Aber muss ich deshalb im Morgengrauen mit dem Fäkalientank am langen Arm über den Wohnmobilparkplatz schlurfen, an Bord den frisch abgeprotzten Kot von Mama? Wie demütigend kann doch das Leben sein. Kaum eine unerholsamere, weil ästhetisch abstoßendere Umgebung ließe sich vorstellen als ein Stellplatz für Mobilheime. Zu Hunderten aneinandergereiht wie ein Uno-Flüchtlingscamp, alle fünf Meter eine Steckdose und in der Mitte das Herzstück des Lagers, die Fäkalienentsorgungsstation. Da trifft man sich beim morgendlichen Plausch und fachsimpelt über technische Innovationen aus der Welt der mobilen Schissbeseitigung: pro und contra rotierender Zerhacker, immer Ärger mit der Füllstandsanzeige – und wie schafft man es, ein Womo mit festem Gülletank so zu entleeren, dass die Scheiße nicht in die Adiletten pladdert?

Sind Wohnmobilenthusiasten womöglich ein Volk heimlicher Perverser, denen einer abgeht, wenn sie während der Fahrt ihrer Rosette Zunder geben können? Papa sitzt am Steuer und auf dem Achterdeck haut Mama einen braunen Hugo in die Schüssel, sieht so die polymorph-perverse Welt

Liebespaarscheuche im Kornfeld. Der Bauer war es leid, dass ihm Jürgen-Drews-Fans den Weizen platt vögelten.

deutscher Rentner aus? Schon die kindischen Namen der Kackstühle deuten auf eine koprophile Neigung der Mobilheimer hin: Porta Potti, wer traut sich so was auszusprechen im Laden? Guten Tag, ich hätte gern ein Porta Potti, oder haben Sie noch andere Mobil-Kackis? Da rollen sich doch jedem zivilisierten Mitteleuropäer die Hufnägel hoch. Jedem anscheinend nicht, die Horde der Unterwegsscheißer bummelt weiter von einem Fäkaliendepot zum nächsten, kackt zwischendurch mal ungehemmt in den Forst und an Verstopfung leiden dabei nur die Verkehrswege, auf denen Mama und der alte Eber mit ihrer Tupperdose rumzuckeln.

Die Bahn kann keinen Winter

Ist noch beschissener als die im Sommer

Menschen sitzen stundenlang bibbernd vor Kälte in einem liegengebliebenen Bahnwaggon. Wo sind wir? 1944 beim Rückzug aus Ostpreußen? Nein! In der Gegenwart, mitten in einer deutschen Großstadt. Der gleisgebundene Schienenersatzverkehr hat mal wieder auf ganzer Strecke versagt. Sobald eine Schneeflocke am Horizont erscheint, ist Domino-Day bei der Doofen Bahn. Seitdem die Lokomotiven »Triebköpfe« heißen, sind sie kaum noch motiviert, an kalten Tagen am Verkehr teilzunehmen. Weichen frieren zu und müssen anscheinend mit der Wärme des Mittelstrahlurins handverlesener Bahnarbeiter enteist werden – oder

VERKEHRTE WELT

warum dauert es Stunden über Stunden, bis der Zug wieder fährt? Neu ist auch, dass ganze computerisierte Stellwerke abkacken, obwohl sie in geheizten Räumen betrieben werden. Da fällt mal eben für ganz Norddeutschland einen Tag lang die Bummelbahn aus und statt mal etwas Gummi zu geben bei der Wiederinbetriebnahme, sülzt der Pressesprecher ein paar Hülsen in den Äther. Ich hatte bisher gedacht, wenn ein so wichtiger Rechner ausfällt, dann dauert es eine Millisekunde und der parallel mitlaufende Computer übernimmt. Guter Witz! Auch sehr lustig war die Panne im Eurotunnel, in dem es ja laut übereinstimmender Meinung führender Meteorologen gar nicht schneien kann. Auch dort inszenierte die Bahn eine Pannenoper mit tausend Statisten in der Rolle des Gefangenenchores. Wer sich in diesen Tagen zwangsweise an einem Rail-User-Port aufhält – oder heißt die Fressbude mit Gleisen drin noch immer Bahnhof? –, der lernt, das Wort »aufgrund« zu hassen. Aufgrund eines Systemfehlers, aufgrund einer technischen Unregelmäßigkeit oder aufgrund von Witterungseinflüssen in Höhe Hamm ... blablabla verzögert sich die Ankunft ... blubbblubb ... (und jetzt auf keinen Fall konkret werden) ... um voraussichtlich 5 bis 40 Minuten. Und das heißt für den DB-Kunden, die ganze Zeit auf dem zugigen Bahnsteig zu verharren, denn jeden Moment kann die vereiste Pissbude ja eintrudeln – oder eben auch nicht. Wenn sich dann nach vierzig Minuten herausstellt, dass »aufgrund eines weiteren technischen Problems« der Zug nun doch gar nicht mehr kommt, dann darf der Kunde, hihi, zum »Helping-Desk« vorrücken und dem »Service-Point-Mitarbeiter« eins auf die Zwölf zimmern. Nein, das darf er leider nicht, sondern muss ein Formular ausfüllen, nach dessen erfolgreicher Bewilligung ihm ein Teil des entrichteten Fahrgeldes für eine komplett nicht erbrachte Dienstleistung womöglich ersetzt wird. Die spinnen doch wirklich!

Wollte die Bahn tatsächlich etwas für ihr Ansehen und nicht nur für ihr Image tun, dann sollte sie keine blöden Hochglanzsprüche klopfen, die Karten nicht bei Lidl verbimmeln, und sonstigen Hokuspokus veranstalten, sondern bloß zuverlässig ihren verdammten Fuhrpark betreiben. Aber dazu ist sie – siehe Berlin – ja noch nicht mal im Hochsommer in der Lage.

Noch mehr Reisechaos

Endsieg des heimischen Sofas

Na, sieh mal einer an! Die Bahn ist zur Selbstkritik fähig und rät von ihrer eigenen Benutzung ab. Nach Hitzechaos im Sommer und dem Laub-Tsunami im Herbst kam jetzt auch noch dieser verdammte Winter, der, ähnlich wie Weihnachten, völlig unvorhersehbar das Land überfällt. Da mag man sich gar nicht vorstellen, was erst im Frühling los sein wird, wenn Maiglöckchen und Schmetterlinge die Gleise blockieren. Müssen dann Reisende – was für ein Euphemismus für die Gefangenen der Bahn – ihr ganzes Leben in Regionalzügen verbringen, bevor sich längst vergreiste Notfallmanager aus dem drei Kilometer entfernten Bahnhof vorgekämpft haben?

155

VERKEHRTE WELT

Ganz anders geht es den Fluggästen – noch so ein Unwort des Jahres –, die können immerhin nicht unterwegs liegenbleiben, und wenn, dann haben sie's hinter sich. Die Flugsardine kampiert vorzugsweise auf den sinnigerweise »Terminal« genannten Endpunkt allen Seins – dort können sie sich ungestört mit anderen Paxen um die Restplätze prügeln. Gemeinsam ist beiden Passagieren: Als Erstes fällt die zivilisatorische Vereinbarung, Toiletten stets so zu verlassen, wie man sie vorgefunden hat. Sobald klar ist, dass ein Flug annulliert worden ist, der ICE voraussichtlich achtunddreißig Stunden später eintreffen wird, rasen die ersten Wutbürger zu den Scheißhäusern und kacken sich den Frust aus dem Leib – gerne und durchaus absichtlich mit unhygienischem Kollateralschaden. Für die modernen Mobilitäts-Junkies ist es schier unerträglich hinzunehmen, dass sich so etwas Archaisches wie der Winter ihrem Menschenrecht auf Konsum des Planeten entgegenstellt: »Heiligabend in Kapstadt, Schatz, hast du Lust, oder wollen wir kurz übers Wochenende zum Heli-Skiing nach Davos?« Da drängt sich dann die ganze hedonistische Blase in die viel zu engen Zeitfenster des Carriers, Hauptsache irgendwohin. Und wer vorgestern noch die GRÜNEN wählte, gestern noch gegen einen Mobilfunkmast protestierte, frohlockt heute lauthals am Airport, wenn die Startbahn mit Uranbrennstäben enteist wird.

Extreme Wettersituationen zeigen nicht nur die Fragilität unserer Zivilisation, sie entlarven auch das völlig ungebremste Anspruchsdenken der ortsansässigen Konsumzecken. Ja wären sie's doch nur, ortsansässig, und wenn's nur für ein paar Tage ist, schön mit dem verwöhnten Arsch zu Hause bleiben, bis die Straßen wieder frei sind.

Ascheregen und Flugverkehr

Wo ist die gute, alte Fischvergiftung an Bord geblieben?

Der speiende Höllenschlund aus dem Nordatlantik erlaubt uns, einmal mehr über Sinn und Verstand des globalen Rumfliegens nachzudenken. Was würde denn tatsächlich fehlen, wenn's nicht mehr brummt am Himmelszelt? Politiker könnten nicht mehr zu ihren sinnfreien Konferenzen pesen und zum Beispiel Nahostfriedensgespräche vortäuschen, Politschranzen aus den Landesparlamenten nicht mehr ihrer selbstverschuldeten Piefigkeit entfliehen. Einen Wohnsitz auf Malle und Malochen in Düsseldorf, das ginge dann auch nur noch schwer. Mal eben 'ne Wochenendschicht im Krankenhaus von Stavanger abreißen dürfte für den deutschen Arzt kaum profitabel vorstellbar sein. Sylt, der einzige festverankerte Flugzeugträger für gegrillte Shrimpsfresser auf der Zielgeraden ihres Lebens, dieser Savoir-vivre-Darsteller könnte auch getrost dem blanken Hans zum Sofortverzehr übergeben werden. Jedoch nicht bloß das blasierte Gezücht lebt von und mit dem Flugverkehr, auch die mittelprächtige Landplage besteigt oft und gern für wenige Penunzen den Bomber in den fernen All-inclusive-Knast. Damit wird nicht nur den darbenden Kurorten in Harz und Lüneburger Heide die Kaufkraft entzogen, die Begegnung mit dem schwarzen Mann trägt auch kaum zur Herzensbildung der Pauschalamöbe bei. Nicht bloß im Passagierverkehr provoziert das Flugzeug durch sein bloßes Vorhandensein sinnloses Oszil-

157

VERKEHRTE WELT

lieren auf der Erdoberfläche, auch bei den Gütern und deren globaler Verschiebung ist der Flieger nicht gerade für die Grundversorgung zuständig: Kiwis aus Neuseeland, Rosen aus Kenia, Hummer von den kanadischen Küsten, ganzjährig Spargel, je nachdem, wo er gerade gedeiht, und Pangasius-Filets für jede Autobahnraststätte. Ging's nicht notfalls auch ohne? Muss ein vorgebliches Made-in-Germany-Auto aus Teilen gebaut werden, die aus allen Ländern der Erde just in time zusammengeflogen werden? Wäre es nicht sogar besser, der Chinese lebte sechs Wochen Schiffsreise von uns entfernt statt eine lange Nacht im Flugzeug. Schmeckt Tomatensaft auch ebenerdig? Sollte man für Westerwelle einen Flugsimulator anschaffen? Darf Michael Mronz auch mit rein, und könnte ich auch 'ne Trombose kriegen, wenn ich meinen Stuhl acht Zentimeter an die Wand rücke und sechs Stunden nicht aufstehe? Ja! Und zwar auf alle Fragen. Dem Eyafjallajökull sei Dank, dass man sie mal wieder stellen durfte.

In der Vertragswerkstatt

Die Hölle nach dem Neuwagenkauf

Da leuchtet wieder was neben dem Tacho, Schatz«, so beginnt und endet jede zweite Fahrt eines PKW aus aktueller Produktion. Seitdem die Autos immer zuverlässiger wurden, haben sich die Vertragshändler einen Trick überlegt, wie sie die Kundschaft in ihre Räuberhöhlen locken. In unregel-

IN DER VERTRAGSWERKSTATT

mäßigen Abständen, ausgelöst durch einen Zufallsgenerator im Steuergerät, erscheinen altägyptische Piktogramme blinkend im Armaturenbrett. Am PKW selber merkt man keinerlei Ausfallserscheinungen, allein das Geblinke will nicht nachlassen und nervt gehörig beim Geradeausfahren. Also begibt man sich in die Hölle des *Aftermarkets*, so genannt, weil man sich hier professionell der Kunden-Verarschung widmet.

Die sogenannten Vertragswerkstätten halten weder Verträge mit ihren Kunden ein, noch sehen sie überhaupt aus wie eine Werkstatt. Im Eingangsfoyer stehen Vitrinen mit Bademänteln, Baseballkappen und Sonnenbrillen. Zwischen blitzeblanken Neuwagen lauern gegelte Schnösel auf zweibeinige Abwrackprämien, um ihnen einen ruinösen Leasingvertrag aufzuschwatzen. Ganz hinten leuchtet ein Schild: »Dialogannahme« steht dort. Diese Bezeichnung hätte man eher über dem Beichtgestühl eines Pfaffen vermutet. Dort nimmt ein – ich sag mal bösartig – Huhn den laienhaften Befund des Beschwerdeführers, also uns, auf. Damit wir nicht auf den Gedanken kommen, dieses Huhn mache sich auch an unserem Wagen zu schaffen, werden wir mit dem blechernen Patienten zu Tor drei beordert.

Da erfolgt Schritt 2 der Dialogannahme: Ein graumelierter Herr in gebügeltem Blaukittel labert uns noch weitere Defekte an die Backe, um das Rechnungsvolumen hochzukitzeln. Sobald wir den Auto-OP verlassen haben, kommt ein Azubi aus dem Off und steckt einen Spezialpimmel in den Zigarettenanzünder – damit und nur damit kann man die blinkende Hieroglyphe ausknipsen: »Fehler auslesen« nennt sich diese Schamanentätigkeit und hat genau wie das Geblinke davor keine

159

Auswirkungen auf den Zustand des Fahrzeugs. Ist das geschehen, wird das Auto – wenn man Glück hat – für eine Anstandsfrist von drei, vier Tagen auf den Hof geschoben, danach ruft das Huhn bei uns zu Hause an und flötet, dass nun alles repariert worden sei und man sich auf tausendvierhundert Euro plus Mehrwert freue, gerne auch im Lastschriftverfahren, damit es für uns beim nächsten Mal bequemer geht.

Hat man Pech, wird der eigene Wagen nicht ignoriert, sondern der Lehrling übt daran den Ein- und Ausbau sicherheitsrelevanter Teile oder noch lustiger: Als Investition in die Zukunft wird schon mal der Lambdasonde einer mit dem Motteck verpasst, damit man sich bald wiedersieht. In der Dialogannahme.

Auto gut, Öffi scheiße!

Ein Loblied auf die Einzelhaft
in der Fahrgastzelle

Und wenn uns Master Feinstaub die Gurgel würgt, die Kröte flach gebügelt auf dem Asphalt ihr Lurchenleben aushaucht, vom Auto kann und will der Mensch nicht lassen. Nicht Ökosteuer noch Frau am Steuer hält ihn davon ab, am Verkehr in der eigenen Fahrgastzelle teilzunehmen. Der PKW ist das letzte Refugium des verhausschweinten Menschen. Hier kann er gedankenverloren in der Nase gründeln, im Gelege wühlen, Musik hören, die ihm gefällt und muss

Anblick, Geruch und dämliches Gelaber der anderen Kosmonauten nicht am frühen Morgen schon ertragen. Außer mit dem Mobilfon am Lauscher erwischt zu werden, darf man so ziemlich alles im PKW tun, wonach einem der Sinn steht und was woanders längst verboten ist: Rauchen, bis die Lunge platzt, sich's unterm Armaturenbrett auf der Überholspur besorgen lassen, Burger mampfen, Böhse Onkelz hören und dabei forzen wie einst im Mai. Privatsphäre, dein Name ist Auto! Hier bin ich Mensch, hier darf ich's sein.

Was Ehemänner denken, wenn ihr Auto morgens nicht anspringt: »Los, schieb endlich, du blöde Kuh!«

VERKEHRTE WELT

Wer jemals von der süßen Frucht des mobilen Alleinseins gekostet hat, der ist auch mit vorgehaltener Monatskarte nicht in Busse und Bahnen zu zwingen. Öffi ist scheiße: All diese Kreaturen, die da vor sich hin müffeln, grimmig in den Morgen blicken – wer braucht so was? Der Gefangenentransport in die Büros und Läden schlingert durch die Straßen, stumpfe Fressen spiegeln sich in den zerkratzten Scheiben – an einer Haltestelle springt ein Wesen mit Gitarre und speiendem Bündel in den Waggon: Blowin' in the wind, es ist die Mutter mit ihrem Kind. Fürs nervige Gekrächze wird frech ein Obolus eingefordert, alle gucken weg. Da reißt Zauselmama ein Fenster aus der Halterung, hält den Wurm in den Fahrtwind und droht ihn loszulassen, wenn nicht sofort 10,00 Euro Lösegeld zusammenkommen. Bei acht holt sie das schreiende Bündel wieder rein, zwei Levantiner-Schlingel bohren beiläufig Löcher in den Sitz, am Waggonende kotzt sich ein Bullterrier Currywurststücke auf die Pfoten, von vorne kämpfen sich vierschrötige Burschen mit Kontroletti-Ausweisen durch die Terrierkotze. In der ersten Reihe sitzt ein Mütterchen und freut sich auf den Sarg – endlich allein. Öffi ist scheiße, Auto viel gut!

AUS DER POLITIK

Scherbengericht
Eine vergessene demokratische Tradition

Jedes Mal, wenn ein Politiker über eher geringfügige Verfehlungen stürzt – sei es ungewolltes Schwängern der Vorzimmermatratze oder Behumsen des Staates durch Dienstwagen-Abusus –, immer dann fragt man sich, warum das Volk so heftig reagiert. Da schmeißen die Polit-Banausen mit den Milliarden nur so um sich, als wenn's Konfetti wäre oder erlassen völlig verblödete Gesetze, die von Karlsruhe ohnehin wieder einkassiert werden – das macht alles nichts und kostet den Bundesbürger nur noch ein müdes Rektalrunzeln. Wehe aber, der Dienstwagen fährt mit in Urlaub wie bei Ulla Schmidt oder leer nebenher wie weiland bei Sigmar Gabriel – dann zürnt die Volksseele.

Wie erklärt sich diese Unverhältnismäßigkeit? Zum einen natürlich aus der gänzlich anderen steuerlichen Veranlagung von Dienstwagen bei Normalbürgern und bei Polithanseln. Muss ein braver Schlüpfergummivertreter seinen Dienstwagen, ohne den er ja seinen Beruf gar nicht ausüben könnte, mit monatlich ein Prozent des Neuwagenwertes privat versteuern, selbst wenn er ihn ausschließlich zum Schlüpfergummi verbimmeln nutzt – so dürfen die dicke Ulla und ihre Kollegen darin rumjuckeln, wie's ihnen beliebt. Nur wenn

AUS DER POLITIK

sich der private Charakter gar nicht mehr kaschieren lässt, dann wird die Fahrt einzeln berechnet. Ist also der normale Steuerbürger der fiskalischen Willkür des Blutsauger-Regimes hilflos ausgesetzt, ergibt sich – siehe die mopsfidele Ulla – für Politiker immer eine Gestaltungsmöglichkeit: deutsche Rentner in Spanien dienstlich angucken zum Beispiel, was ham wer gelacht! Als ob es nicht schon genügte, Hass und Neid zu schüren, so sitzt der Kern des Problems jedoch tiefer. Bei der Rückbesinnung der nordeuropäischen Barbaren auf die altgriechische Demokratie durch die Väter des Grundgesetzes wurde eines ihrer stilbildenden Elemente schlichtweg vergessen: der Ostrakismos oder das Scherbengericht: Einmal im Jahr durfte jeder Bürger Athens den Namen eines anderen auf eine Tonscherbe kritzeln, und auf wen sich die meisten Stimmen vereinten, der wurde ohne Rechtsmittelbelehrung und ähnliches Gedöns für zehn Jahre in die Verbannung geschickt – was für eine herrliche Idee, die unserer derzeit gültigen Regierungsform leider fehlt. So schön das Recht, wählen zu dürfen, auch ist – was ja nur noch die Hälfte der Wahlbürger überhaupt so sieht –, wie viel attraktiver wäre das Recht, jemanden abwählen zu können? Einmal pro Jahr flöge einer raus von den Klappstühlen und Leuteverarschern, juppheidie, ab in die Verbannung, gehen Sie nicht über Los und lassen Sie Ihren Dienstwagen in der Garage. Da es das Scherbengericht aber leider bei uns nicht gibt, nutzt das Volk jeden noch so geringen Vorwand, um der Politkanaille einen zu verpulen – recht so!

Der Mauerfall – die Wahrheit

Wir sind das DDR

Als das vorletzte Mal hunderttausend Deutsche eine Grenze Richtung Westen durchbrachen, gab's keine hundert Franc Begrüßungsgeld, sondern Gegenfeuer. Will sagen, das wahre Wunder des 9. November besteht darin, dass eine Masseninvasion über eine gesicherte Nato-Außengrenze nicht die vorgesehene Antwort fand, nämlich einen auf'n Pelz, den russischen. So schön es auch sicher ist, dass die DDR-Grenzer nicht auf die eigenen Leute geschossen haben, so bemerkenswert ist es doch, dass die Bundeswehr nicht das Feuer eröffnet hat. Hätte doch sein können, dieser ganze Mumpitz mit Montagsdemos und Prager Botschaft wäre ein riesiges Affentheater gewesen, um den kapitalistischen Gegner zu irritieren. Wähnt er sich dann erst mal in trügerischer Sicherheit – durch einen fingierten Rücktritt Honeckers noch gestützt, reißt Egon den Zaun kaputt und eine Armada leicht bewaffneter NVA-Reservisten stürmt das faschistische Ausland im Westen. Von dem Begrüßungsgeld werden die Zweitaktbomber an der Mopedsäule vollgetankt und ab geht's Richtung Bundeshauptstadt Bonn. Keine Woche hätt's gedauert und Erich und Margot ständen Arm in Arm auf der Loreley. Aus wär's gewesen mit der guten alten Bundesrepublik, und mit dem ossigen Alugeld könnte man zwischen Rhein und Oder keine Bananen kaufen. Ich würde mal sagen, da haben wir 1989 mehr Schwein gehabt als Verstand, und wäre der Staatsrat der DDR nicht so ein Haufen Grenzdebiler gewesen, hätten

AUS DER POLITIK

sie selber auf den Trick mit der Maueröffnung kommen können. Alles nur Hirngespinste? Von wegen. Zu welchen Kap-
riolen Schurkenstaaten gegen Ende ihres Daseins fähig sind,
kann man ja an Nordkorea oder Zimbabwe sehen. In Deutschland ist es durch einen Mordsdusel nicht so weit gekommen.
Nur ein paar der Zonenpriester mehr auf Zack und heute
hieße der ganze Mist zwischen Polen und Frankreich wieder
Deutschland, Berlin wäre dessen Hauptstadt, die SED säße
auch im Westen in den Parlamenten und die pickligen Essig-
gurken aus den Zonensümpfen gäb's bei Aldi und bei Edeka.
Aber genau das ist doch auch so passiert. Scheiße!!

Die große Verarsche

... und warum man nicht daran teilnehmen sollte

Endlich geht's los. Die Wahlfangkommissionen der Parteien haben sich getroffen und die Fangquoten für die
große Herbstverarsche festgelegt. Die CDU will über 35 % ab-
knallen und hat sich dafür auch 'n echten Knaller überlegt:
Steuererleichterungen, klingt ein bisschen wie Hustensaft
bei Lungenkrebs, freut dennoch das vom Aussterben be-
drohte Säugetier namens Leistungsträger. Die nämlich – also
die Leistung – trägt der Bursche immer mehr in die Fremde
und schmälert so die Schutzgeldforderungen vom Paten
Staat. Dieses nicht mehr vorhandene Geld möchte die andere

DIE GROSSE VERARSCHE

kleine Volkspartei, früher SPD, mehr unter die Warmblüter namens Transferleistungsträger verteilen. Dummerweise sind die Moneten nicht nur nicht mehr da, sondern die schon nicht vorhandenen sind auch noch weg. Die wurden nämlich von der Großen Kapitulation an Banken, Rentner, Bauern, Altautobesitzer und Opel-Eigentümer mit vollen Händen ausgeschüttet. Schon jetzt kommen 500 Milliarden Euro Neuverschuldung auf uns zu und wie man die durch Steuersenkungen finanzieren kann, weiß nicht mal Adam Riese. Alle werden profitieren, so trötet es aus den Parteizentralen, nur die Bonzen und ihre Köter werden hopsgenommen, harhar, geschieht ihnen recht. Vor der Wahl lassen die Politiker Sterntaler regnen aus Wolkenkuckucksheim, doch wer sich das Grundgesetz aus Buchstabensuppen zusammenlegt, hat mehr für unser Land getan als diese Hanswürste. Gott sei Dank nimmt die Bereitschaft, sich verarschen zu lassen, rapide ab – ein Sieg der Demokratie, wenn man so will. Immer weniger wollen die Asche ihrer Meinung in der Wahlurne beerdigen und machen sich lieber sonntagmorgens eine Flasche Bier auf. Der vielgeschmähte und zu Unrecht für bekloppt gehaltene SPD-Wähler steht da an vorderster Front: Keiner nämlich wählt so sehr seine Partei nicht mehr wie er: Hut ab vor der Sozialdemokratie. Da mag man es kaum glauben, dass die potentiellen Wähler der CDU tatsächlich so grottendämlich sind und den Schmonzes von den Steuererleichterungen glauben. Aber wer weiß, vielleicht gibt es auch ein inneres Bedürfnis der tumben Landsäuger, sich am Wahltag harpunieren zu lassen. Aus dem Tran der abgeschossenen Exemplare formt sich dann die neue Regierung. Ich freu mich drauf!

167

AUS DER POLITIK

Grundwerte-Seminar der SPD-Ortsgruppe Diepholz,
praktischer Teil

DIE GROSSE VERARSCHE

AUS DER POLITIK

Die Namen der Politiker

Bundeskanzler Kevin

Mich treibt eine Sorge um: Wann heißt der erste Bundeskanzler Kevin? Wir befinden uns gegenwärtig an der
deutschen Namensscheide. Die regierende und schon im Ab-
tritt begriffene Politikergeneration ist die letzte mit halbwegs
nachvollziehbaren Vornamen. Bei Guido deutete sich der Pa-
radigmenwechsel schon an, so heißt man ja normalerweise
nicht, ohne daran Schaden zu nehmen. Frank-Walter hingegen ist ein mutiger Spagat zwischen Wirtschaftswunder und
Weimar, bildet somit perfekt die darum befindliche SPD ab.
Bei der momentan gültigen Bundeskanzlerin sind wir nur
sehr knapp an einer Mandy vorbeigeschrammt, gedankt sei
es ihrem vorgerückten Alter. Mit Joschka Fischer bekamen
wir ja schon einen Vorgeschmack darauf, wie es ist, wenn ein
Finn-Jason ins Auswärtige Amt einrückt. Der altstalinistisch
umgerubelte Joseph roch immer etwas nach maoistischer
Schmuddel-WG aus den Siebzigern – und wollte zuletzt so
gar nicht mehr passen zu einem dicken Selbstdarsteller in
dunklen Anzügen. Das momentane Spitzenduo der GRÜNEN
ist mit Renate und Jürgen bemerkenswert konservativ besetzt – ein Hinweis auf Schwarz-Grün? Freuen darf man sich
immerhin, dass der anatolische Schwabe nicht an die Spitze
vorgedrungen ist. Zu dessen Vornamen dichtete der Grün-
fink schon den atemberaubenden Slogan »Yes, wie Cem« –
da vergeht einem ja der Glaube an den Endsieg der Vernunft.
Betont unmodisch gibt sich DIE LINKE mit dem Namen ihres

170

Leithammels: Oskar hieß man früher, darf man aber auch heute noch seine Kinder nennen, der Name ist so zeitlos wie der Glaube ans Wolkenkuckucksheim.

Insgesamt steht die Riege der Spitzenhanseln aller Parteien mit beiden Beinen noch fest auf dem Boden des deutschen Namenlexikons. Solange der ehemalige Bundespräsident von seiner Frau noch »Horst« gerufen wird und sie nicht von ihrem Manne »Jennifer«, ist alles noch im Lot. Solange der Vollhorst von einer Gesine herausgefordert wird und nicht von Laura-Jane, wollen wir uns nicht beschweren. Bevor allerdings Kevin endlich Bundeskanzler werden darf, müssen wir noch die Borisse, Saschas und Melanies abwettern.

Dreikönigstag

... und andere seltsame Termine im Jahr

Keiner weiß Bescheid, was alles so gefeiert wird übers ganze Jahr. Kaisers Geburtstag, da war die Sache noch klar, aber was war noch mal am 3. Oktober? Mauerfall, nä, das war am 9. November. Erich Honeckers Himmelfahrt? Auch nicht! Jetzt hab ich's: Wiedervereinigung? Was? Die war vorm Mauerfall, merkwürdig. Bei den christlichen Feiertagen sieht's dann noch finsterer aus. Neunzig Prozent der Bundestöten haben keine Ahnung, was an Pfingsten gefeiert wird. Ich, ehrlich gesagt, auch kaum. Ausschüttung des Heiligen Geistes! Verstehe! Warum aber eine Ausschüttung

AUS DER POLITIK

gefeiert wird, wo die Ressourcen doch allgemein zur Neige gehen, das verstehe ich dann wieder nicht. Was war noch mal Weihnachten, kommt da der Coca-Cola-Truck, Rudolf Scharping mit dem Rennradschlitten oder der Weihnachtsmann? Der Nikolaus jedenfalls war schon drei Wochen vorher da. Das Christkind kommt, aber nicht wirklich, denn Christenkind ist es erst am 6. Januar, im Papisten-Mund auch Epiphanias genannt, Tag der Taufe Christi, deshalb feiern die Orthodoxen dann Weihnachten. Für den Volksglauben heißt der Termin allerdings »Dreikönigstag«, für den FDP-Wähler Feuertaufe des Westerwelle. Dabei war das eigentliche Dreikönigstreffen gar nicht am 6. Januar, sondern im Juli 1709 zwischen den Königen von Preußen, Polen und Dänemark. Sieh mal an. Und die drei Weisen aus dem Gazastreifen, die Jesus Myrrhe, Weihrauch und Munition vorbeibrachten, waren auch nicht zu dritt, sondern anfangs noch zu zweit, bei den äthiopischen Christen sind es sogar sechs, und bei den Syriern heißen die drei Lavandad, Hormisdas und Gushnasaph. Ja leckt mich doch jetzt mal am Arsch. Und was ist mit Melchior, Balthasar und Caspar? Manchmal ist der eine schwarz, manchmal der andere ein Mohr, meistens ist Balthasar der Neger. An sich aber gar keiner, gemeint war in den lateinischen Texten nur einer mit schwarzem Vollbart, aber doch kein Ganzkörperpigmentierter. Weil's aber so schön in den weltumfassenden Missionsanspruch des Christentums passte, hat man einen der drei zum Edelbimbo umgerubelt. Und so verkleidet latschen jetzt kleine Katholenfrischlinge durch die Republik und nennen sich Sternsinger. Hä, wo kommen die Sterne jetzt her? Was die wiederum mit den drei Königen, der Erscheinung Jesu, dem Ende der Zwölf Tage

zwischen den Jahren, der Differenz von Mond- und Sonnen-
kalender oder gar der FDP zu tun haben, weiß ich jetzt auch
nicht mehr. Für mich ist am 6. Januar Neujahrstag; Schluss
mit Abhängen, Völlerei und in die Kerze glotzen, jetzt wird
wieder in die Fresse gespuckt, wir scheißen aufs Bruttosozialprodukt. Halleluja und Amen.

Dreißig Jahre DIE GRÜNEN

In der Latzhose regt sich was

Bundesrepublik Deutschland, Januar 1980. Die Rote Armee Fraktion hat verschissen, die SPD hatte schon unter
Willy Brandt die Berufsverbote erlassen, durch Helmut
Schmidt den Nato-Doppelbeschluss verabschiedet, in Brock-
dorf die Atomlobby geschützt, jetzt steht eine Volkszählung
ins Haus, die Startbahn West wird gebaut, Wackersdorf ge-
plant und in zwei Jahren werden die ersten Pershing-Raketen
in Mutlangen stationiert: Alles ist scheiße. Was aber noch
viel scheißiger ist: Mit einem lässig hingefickten Soziologie-
studium gibt's keinen Platz an den Futtertrögen der Republik. Im Nacken die geburtenstarken Jahrgänge ab 1955, vor
sich das Elend ewigen Taxifahrens und tief im Herzen die
Erfahrung, dass die verfurzte Arbeiterklasse das Papier nicht
wert ist, mit dem man sie gegen die Herrschenden aufwie-
geln wollte. Was tun mit dem angefressenen Leben, noch ist
nicht alles verloren?

AUS DER POLITIK

Und da besinnt sich ausgerechnet die Generation der Totalverweigerer auf eine urdemokratische Idee. In der Demokratie geht es zuvörderst um die Formulierung von Partialinteressen gegenüber der Gemeinschaft und die friedliche Durchsetzung derselben mit Hilfe von Bündnissen und Kompromissen. Darüber wird eine Tünche aus moralischem Geblubber gegossen, und fertig ist der Karrierefördererverein Politische Partei. Weil Christenkram und Sozialgedöns schon besetzt waren, zog man sich das ÖKO, Umwelt, Bio-Mäntelchen über. Mit der Zeit kamen noch Frauen, Homos und Migranten dazu und siehe da, eine neue Partei war entstanden: DIE GRÜNEN vor dreißig Jahren. Mittlerweile ist auch dem letzten Castor-Frontkämpfer klar, dass dieser Laden sich nur unwesentlich von anderen politischen Karrierevereinen unterscheidet. Nur in einem Punkt sind sie noch immer einzigartig, auch nach dreißig Jahren: Während ich mir sogar bei Roland Koch, Pofalla und Schäfer-Gümbel vorstellen kann, dass sie außerhalb ihrer politischen Witzfigurenrolle in einem normalen Beruf tätig sein könnten, wenigstens zur Not, kann ich mir das bei Claudia Roth nicht. DIE GRÜNEN sind vor dreißig Jahren womöglich nur zu einem Zweck gegründet worden. Und wenn die Antwort auf die Frage, die niemand kennt, bei Douglas Adams, 42 lautet, so sage ich: Die Antwort auf die Frage, warum ein Biotop wie DIE GRÜNEN entstand, lautet Claudia Roth.

Parteipartys

Wir amüsieren uns zu Tode –
leider nicht sofort!

Es ist nicht alles schlecht an der Politik. Am Ende eines Wahlsonntags zu sehen, wie eine ganze Partei zur Schlachtbank geführt wird, das hat schon was extrem befriedigendes für die geschundene Bürgerseele. Da nimmt man die Freude der anderen sogar billigend in Kauf. Doch wie sich dort gefreut wird, das ist von einer derart schreienden Stillosigkeit, dass einem angst und bange wird um dieses Land. Auf der Wir-haben-gar-nicht-soviel-verloren-Party der CDU, kreischten hübsche Blondinen Mitte 20 »Angie, Angie«, als würden sie vom Pferdefüßigen genagelt. Dreierlei gilt es hier anzumerken: Was macht man in dem Alter auf einer CDU-Party? Deren Politik mal hintangestellt, aber das ist doch kein Ort für junge hübsche Dinger. Zweitens: Wenn man Mitte 20 ist, gehört hysterisches Kreischen zusammen mit den No-Angels-Platten in den Keller verbannt. Und drittens: Ey, das pummelige Teil da vorne mit der hässlichen Jacke ist Frau Dr. Merkel, Fachärztin für politische Anästhesie – und kein Popstar namens Angie.

Die wunderbare und letztlich gottgewollte Niederlage der SPD hat uns immerhin vor deren Freudengesängen verschont. Diesen Part der maximal erreichbaren Peinlichkeit übernahm die SPD-Nachfolgeorganisation DIE LINKE. Auf deren Wahlparty tanzten hässliche Trampel zum Dumpfbackenklassiker »Was wollen wir trinken sieben Tage lang«. Geträllert wird die Sozen-Hymne von der holländischen Bänkeltruppe Bots, und

AUS DER POLITIK

geschrieben wurde sie von der Riesenarschmade Dieter Dehm, seines Zeichens Spitzenkandidat der LINKEN. Na bitte, wohl dem, der so eine Komponistensau in seinen Reihen hat.

Damit kann die FDP natürlich nicht dienen, deren Wahlsause ähnelte einer Mitarbeiterparty in der IT-Branche: Es ging um die Essentials: schnell breit werden und bei Bedarf was angraben. Zu Ehren der Liberalen muss gesagt werden, es wurde dort nicht – zumindest nicht sichtbar für die Fernsehkameras – zu debilem Musikersatz rumgehopst.

Enttäuschend fand ich die Ü-50-Party der GRÜNEN, keine Alibi-Jugendlichen im Vordergrund, sondern nur die üblichen Frührentner-Faces der Funktionäre. Wäre nicht Claudia Roth wie eine giftgrüne Riesenkröte zwischen den Zombies rumgesprungen, hätte man sich diese Party sparen können.

Insgesamt: Welch ernüchternder Einblick in die politische Amüsiermeile. Wenn die so was Spaß nennen, wundert's mich nicht, dass die ihren politischen Aberwitz sogar ernst nehmen.

Trittin, der Spießer

Cool zu sein bedarf es wenig, doch cool zu bleiben ...

Nicht erst mit der Bausparkassenwerbung ist er wieder aufgetaucht: der Spießer. Seit dem Mittelalter hält sich der Begriff für Menschen mit kleinbürgerlicher Lebensweise, oft fremdenfeindlich oder zumindest dem Neuen, Unbekannten

TRITTIN, DER SPIESSER

nicht besonders aufgeschlossen. Andere Despektierlichkeiten unterlagen der Mode: der Halbstarke, die Langhaarigen, die Asylanten, die Bonzen und das Establishment sind mit ihren Verwendergruppen ausgestorben. Der Spießer aber ist geblieben, wohl auch dank seiner Ableitung »spießig«. Das sind sowieso alle anderen und man selber mit Sicherheit nicht.

Vor kurzem las ich ein Interview mit Jürgen Trittin, in dem dieser süffisant als Ausweis seiner Nichtspießigkeit angab, er würde als DJ – ahahaha – Songs von den Toten Hosen auflegen – nochmal uhahaha. Lange Haare ja, aber gepflegt müssen sie sein, fällt mir dazu nur noch ein. Zumindest weiß ich jetzt dank Trittin, dass ich wohl der Super-Nichtspießer sein muss, denn ich käme niemals auf den absurden Gedanken, selbst wenn ich irgendwo mal eine CD reinschöbe, mich schon als DJ zu bezeichnen. Und eine Scheibe von den Toten Hosen – bei allem Respekt vor linkstümelnder Gröl- und Saufmusik – würde ich nicht mal meinen Gartenzwergen vordudeln. Wenn's denn trotzdem einer macht, geschenkt, deshalb verlässt er noch nicht für immer den Geltungsbereich des guten Geschmacks. Aber damit auch noch öffentlich zu prahlen, das ist schon die ganz hohe Schule des Mega-Spießertums.

Wir fassen den Fall zusammen: Der einfache Alt-Spießer hält die Toten Hosen für eine Bande arbeitsscheuer und biersaufender Nichtsnutze, die grauenhafte »Negermusik« spielen. Dieser Alt-Spießer ist mehr oder minder ausgestorben. Der Neo-Einfachspießer hält dagegen die Toten Hosen für eine linke Band mit revolutionären Texten, die nur Musik machen, weil sie irgendwie gegen das System sind. Von diesen Neo-Spießern gibt's noch jede Menge, was soll's, wir sind alle

AUS DER POLITIK

nicht vollkommen. Der Meta-Neo-Spießer hingegen glaubt zu wissen, dass es gesellschaftlicher Konsens einer fortschrittlich denkenden Elite ist, die Toten Hosen für die Guten zu halten – deshalb behauptet er das auch. Opa erzählt aus'm Krieg! Und Opa merkt auch nicht mal mehr, wie oberpeinlich und deshalb auch extrem spießig es ist, Musik – und dann auch noch von den Toten Hosen – als Gesinnungsbutton vor sich herzutragen. Willkommen im Club der Peinlichkeiten, Jürgen Trittin. Da warten schon Guido Westerwelle aus dem Big-Brother-Container, Otto Schily mit dem Hertha-Trikot, der Knut-Knutscher Sigmar Gabriel, Theodor zu Guttenberg auf dem AC/CD-Konzert, und täglich werden es mehr ...

Wahl-O-Mat

Wenn die eigene Stimme versagt

Gestern hab ich mal am Wahl-O-Maten gespielt und siehe da, jetzt weiß ich, wie ich politisch so drauf bin und wen ich deshalb wählen muss! Zehn Minuten Kreuze machen, und man lernt sich selber kennen. Dolle Sache, wenn's doch für alles im Leben so eine Ratzfatz-Entscheidungshilfe gäbe. In der Pubertät müsste nicht jahrlang in der Umkleidekabine rumgedruckst werden, sondern einmal kurz den Schwul-O-Maten gefüttert und man wüsste, wem man fürderhin an die Wäsche gehen sollte. Der Heter-O-Mat hülfe der anderen Fraktion, mit geringem Zeitaufwand das passende Gegenstück für untenrum zu casten. Und genau wie beim Wahl-O-Maten wäre man überrascht, für wen man denn in Wirklichkeit so schwärmte: nicht wie angenommen für schlanke Brünette mit dicken Dingern, sondern für kleine zickige mit großer Fresse, quasi der FDP unter den Gespielinnen. Das Schöne an den O-Maten ist ja, dass einem die Verantwortung für das eigene Tun aus der Hand genommen ist. Da überlegt man hin und her, ob man seine Frau oder den eigenen Mann umbringen sollte, bewegt moralische Einwände hin und her, statt einfach den Kill-O-Maten zu befragen. Plötzlich erscheint das Ehe-Gegenüber nicht mehr als ganze Person, sondern als Katalog aus achtunddreißig Eigenschaften. »Er schnarcht wie ein rumänischer Braunbär.« Find ich gut. Find ich nicht so gut. Oder neutral. »Sie lacht beim Rammeln immer über meinen kleinen Wurm.« Find ich gut. Nicht so gut. Oder neutral. Und am Schluss kann man alle Antworten noch mal gewichten. Ergebnis: Gib ihm oder ihr die Kugel. Ja, kann ich nix für, Euer Ehren, es war der Kill-O-Mat, der mich zu diesem unseligen Tun hat angestiftet. Gar viele Gelegenheiten ließen sich denken, bei denen der Meinungsrechner einem im Alltag eine Hilfe wäre. Man muss nur jede Entscheidung in ganz viele kleine Mikro-Entscheidungen aufspalten und schon fällt's gar nicht so schwer, das zu tun, was man eigentlich als Ganzes und aus dem Gefühl heraus ablehnte.

»Na gut, dann eben CDU«, sagt man sich, wenn einem der Wahl-O-Mat die eigene Befindlichkeit vor den Latz knallt. Nur eins ist merkwürdig an diesem Meinungsrechner, man kann ankreuzen, was man will, es gelingt einem nie, dass SPD herauskommt. Was will uns das jetzt wieder sagen? Doch selber nachdenken vor dem Urnengang? Och nee!

TELLERGERICHT

Essen ist Leben

Und den Tod bildet sich das Schwein nur ein

Essen ist Leben … und der Tod von jemand anderem, den ich gerade auffresse: Das Hähnchen, das Schwein, das Rind, das Kalb – alles so schön neutral im Artikel, als ob es Sachen wären: *Die* Katze und *der* Hund werden ja eher weniger verspeist im Geltungsbereich der hiesigen Leitkultur. Die moderne Lebenslüge des politisch korrekten Savoir-vivre heißt Nachhaltigkeit. Als ob der riesige Schlund von sechseinhalb Milliarden Verdauungstrakten irgendjemanden verschonen würde auf diesem Planeten: Alles wird aufgefressen und wieder ausgeschissen – das ist das Leben seit Anbeginn. Die einzige Form der Nachhaltigkeit in der Geschichte war und ist der Kannibalismus: Mensch frisst Mensch, das kulinarische Perpetuum mobile, es sei denn, es gibt Kartoffeln dazu, denn dann müsste ja auch wieder eine Kreatur leiden, der man den Lebensraum für den Acker beschnitt. Essen ist Auffressen von anderen: Da wird der Schöpfungskollege gegrillt, der Pangasius aus Vietnam eingeflogen und man frisst nicht nur den Fisch, sondern auch das ganze Mekong-Delta als Nachtisch. Und je mehr das weiße Leckermaul die Erde nach immer neuen exotischen Genüssen abgrast, desto größer wird der Hunger dort, wo statt der Sättigungsbeilage

181

TELLERGERICHT

fürs einfache Volk der Shrimp für den Export gepäppelt
wird.

Doch machen wir uns nichts vor, sobald der Drittwelt-
Fritze selbst zu bescheidenem Wohlstand gelangt, will er
auch mittun am Verzehr des Planeten: mehr Fleisch, selber
grillen – Hühnchen, Ziegen, Pandabären. Scheißegal: Essen
ist Leben, Schmachten ist grausam. So ist der Hunger eines
Drittels der Menschheit eine Schande für die selbstgerechte
Spezies, zugleich aber auch der zynische Garant für die gesicherte Versorgungslage des weißen Mannes ... und natürlich seiner Frau, denn die putzt ja auch ganz schön was weg.
Gibt es einen Ausweg? Bio? Öko? Hahaha! Für das wertvolle
Menschlein im saturierten Westen ist es sicher schöner, eine
nur behutsam vergiftete Speise zu sich zu nehmen, statt den
Drecksfraß aus der industriellen Massenverwesung. Für die
Menschheit bringt das wenig, die meisten wären froh, hätten
sie eine Scheibe Analogkäse auf der Baumrinde, an der sie
rumkauen. Drum ist das ganze Getue und Gemache um das
wertvolle und nachhaltige Speisen nichts als eine schäbige
Analog-Religion, eine letzte Verzweifelungstat des ernüchter-
ten Humanisten, der weiß, dass er nicht die Menschheit retten
kann. Aber wenn schon nicht die, dann zumindest sich
selbst. Und wenn auch dieses Projekt letztendlich scheitern
wird im eigenen Tod, so will man bis dahin Seele und Arsch
verschmelzen im guten und vor allem richtigen Essen. Mahl-
zeit allerseits!

Frühstücken

Fressritual der kultivierten Altbauzecken

Was dem Christen das Abendmahl ist dem Großstädter das Frühstück. Weit über die Grenze notwendiger Nahrungsaufnahme hinaus zelebriert die City-Krampe das Fressen am Vormittag – wenn's denn noch in der ersten Hälfte des Tages überhaupt stattfindet. Besonders im Reich des entkoffeinierten Latte kann's auch schon mal später werden. Zumindest so lange möchte man warten, bis der erste Prosecco schon wieder reingeht ins Gedärm und vor allem dort auch 'ne Weile bleibt. Gegen halber Zwölfe rum wackeln die sonnenbebrillten Furchenfressen aus ihren schicken Altbauwohnungen, um bei Mario oder so zu frühstücken. Da wo man's tut, heißen die verschiedenen Fraßzusammenstellungen gern nach Filmtiteln, »Stirb langsam 2« etwa, wenn's zum Rührei noch 'ne Bulette gibt. Wichtig ist, möglichst lange beim Fressen zu verweilen, denn das gilt als kultiviert. So wird aus dem Donut mit »Schlimme-Augen-Wurst« automatisch Slow-Food, wenn man ihn selber schmiert. Je später, länger und üppiger man sich durch den Tag bruncht, desto kultivierter ist man. Nachmittags um vier noch an der Schrippe nagen grenzt schon an Hochkultur. Damit auch jeder sieht, was für eine Granate man selber ist, gehört an Sonnabenden das Trottoir der Generation Wichtigheimer. Da zeigt man, was man hat ... und was nicht, zum Beispiel keine sonstigen Verpflichtungen außer fünf Stunden am Parmaschinken zuppeln. Neben sich den Weimaraner-Rüden, auf einem Stuhl die *Zeit* oder *Cicero*, auf dem anderen das leicht gegerbte Frauchen, so fläzt sich die Altbauzecke ins Rohrgestühl vor der Espresso-Lounge. Am Fahrbahnrand winseln zwei Osteuropäer zu Zimbel und Akkordeon traurige Weisen aus dem Land der untergehenden Wonne. »Ach ja, uns scheint die Sonne schon aus dem Arsch«, sagen die Blicke über den Rand der Lesebrillen. Entsetzen zeigt sich in ihnen, wenn Mütter mit quengelnden Kindern vorbeihetzen, um noch bei Lidl günstige Schwartenreste fürs Wochenende einzukaufen. Frühstücken draußen an einem sonnigen Vormittag ist wie fressen und dabei Peter Zwegat gucken: Die eigene Fettleber wird erst richtig schön, wenn man sieht, wie es auch hätte sein können. »Hallo, noch zwei Latte und 'nen doppelten Sambuca. Und dann hätt ich gern die Rechnung.« Die, mein Freund, hast du hiermit gekriegt.

Der Darm

Wenn's Arscherl brummt,
ist's Frauchen g'sund.

Was sagt es eigentlich über eine Gesellschaft aus, wenn der Darm in den Vordergrund des Interesses rückt? In der Fernsehwerbung springen junge Frauen putzmunter durchs Gelände, glücklich, weil sie den eigenen Furz gebändigt haben. Darmgase sind zur globalen Herausforderung Nummer eins geworden. Sah man früher in Anzeigen ein jun-

DER DARM

ges Weib mit gewölbtem Bauch im Profil, so wusste man: Hier geht's um Schwangerschaft. Heute leidet sie an Blähungen. Was heißt »leidet«, der Alpenseppl – dem Schweinischen stets aufgeschlossener gegenüber als unsereiner, wusste schon immer: »Wenn's Arscherl brummt, ist's Herzerl g'sund.«

Ob diese schlichte Wahrheit neuesten Erkenntnissen der Kardiologie standhält, lassen wir einmal dahingestellt. So viel allerdings wird deutlich: Von der bajuwarischen Entspanntheit sind wir heute weit entfernt, der Furz hat ein Imageproblem. Schon lange ist der Analwind genau wie sein oraler Vetter, der Rülpser, aus dem öffentlichen Leben verschwunden, nun anscheinend auch aus dem Privaten. Warum sonst würde so viel Wind um den Darm gemacht? Da heißt es vorsorglich zum Frühstück schon den verdünnten Zuckerjoghurt schlabbern, sonst explodiert gegen Mittag das Garagentor. Wie ballaballa kann eigentlich Werbung noch sein! Doch so alt wie die Dummheit ist der Glaube an die Heilwirkung bestimmter Lebensmittel. Mal beugt Rotwein dem Herzinfarkt vor, mal ist es der mäßige Genuss von Bier, mal sind's die hochenergetischen Müslibomben, mal sind die Ballaststoffe wertvoll – ein Widerspruch schon vom Namen her sollte man meinen.

Zwischendurch versucht man uns ganz normales Gesöff als isotonischen Energydrink zu verbimmeln und nun den wässrigen Mini-Joghurt-Ersatz als Arschloch-Polizei. Actimel und Yakult sorgen für Ruhe in der braunen Höhle. Und wer's glaubt, dem verspricht der Dealer noch Gesundheit obendrein. Doch eine Gesellschaft, die sich derart um den Zustand ihrer Ausscheidungsorgane sorgt, bläst der eisige Furz der Geschichte längst mitten ins Gesicht.

TELLERGERICHT

Weihnachtsmarkt

Kotzvorbereitungsseminar

Pommes, Döner, Chicken, Krakauer, Crèpes, noch mehr Pommes, Champignonpfanne, ein Meter Bratwurst, böööörrrhhhh, Falafel, Hähnchennuggets, Chickendöner, bööörhhhhhhhh, Chicken, einmal rotweiß, Schaschlick, hier kommt noch 'ne Brat und 'nen Chickendöner, mit Salat? Nä! Folienkartoffel, Bratcurry, Zigeunerbulette, Chickendöner, bööörrrhhhhhh. Uähuähuäh. Die fette Raupe aus Menschenfleisch frisst sich durch die weihnachtliche Innenstadt. Chickendöner und zwei Lumumba mit Schuss. Die Herde steht an den Trögen und wird zu einem Gesamtverdauungstrakt. Uööörhhhhhhh. Noch 'ne Brat und drei Glühwein mit Amaretto. Chickendöner. All das, was hier in die feisten Leiber gestopft wird, kommt in wenigen Stunden wieder raus. Tausende werden nachts oder am andern Morgen auf den Brillen hocken und Güterzugwaggons voll Exkremente in die Schüsseln protzen. Alle einverleibten Leichenteile werden halbverdaut wieder ausgeschissen. Chickenscheiße vor dem Frühstück. Und ein Cappuccino. Weiter fressen, noch mehr fressen, zurück in die Fußvolkzone und das fette Krötenmaul wieder aufgerissen. Für mich eine Brat, und du Mamma? 'Ne Curry oder lieber Spanferkelbrötchen? Beides mit doppelt Pommes. Booääärhhhhh! Chinapfanne, Grünkohl mit Brägenwurst, Thüringer im Schweinedarm, Frankfurter mit Specksalat, und was ist da vorn? Chinapfanne mit Chicken oder auch als Sechuan. Für mich noch 'ne Brat. Potatowet-

186

WEIHNACHTSMARKT

ches, was soll das denn sein? Ach gib her, mit doppelt Mayo und mach mir noch die Chickenwings dabei. Buäärhhhhhhh. Uääährhh, Uäärrhhhhhh. Verzeihung! Für mich noch 'ne Brat. Gulaschsuppe, Ochsenschwanz und Rinderzunge. Mit Salat? Nä! Iss doch mal 'nen Fisch! Heilbutt am Stock gebraten, Rotbarsch im Bierteig aus dem Frittenloch oder nur 'ne Schillerlocke, aber mit viel Remoulade. Kommt da noch was zu? Einmal vier Eierlikör mit Schuss. Und für mich noch 'ne Brat. Mamma, und du auch noch was? Mamma? Mamma! Sag doch was! Mamma?!?

AUF DER ZIELGERADEN

Rentner waschen Autos

Rubbeldiekatz bei CarWash

Eine SB-Waschanlage am Samstagnachmittag. In den drei Nasszellen werkeln drei beschlappte, kurzhosige Geronten vor sich hin. Gegenstand ihrer Fürsorge sind drei Mittelklasselimousinen, die nacheinander mit Grundreiniger, Schaumbürste, Klarspüler und Sprühglanz bearbeitet werden wollen. Das Tückische der Anlage liegt darin, dass sie immer nur einen Euro lang läuft, und wie lang der Euro jeweils ist, weiß man nicht. Auf Vorrat gleich ein Dutzend Münzen in den Schlitz zu stopfen funktioniert nicht, denn der Automat furzt nach der ersten Einwurfmünze alles wieder ab. Aus diesen Mosaiksteinchen formt sich nun folgendes Bild: Die Geronte fingert in der Geldkatze nach dem Geldstück und fummelt es in jede Ritze, die Fertigungstoleranz und Verschleiß am Automaten offerieren.

Endlich ist das richtige Loch gefunden, und die Waschanlage vibriert unter Spannung. Schlappi zieht den Hochdrucksäbel aus der feuchten Scheide und druckt das Ventil am Griff auf Anschlag. Bis er merkt, dass er vergessen hat, eine der Vorwahltasten zu drücken, sind zwei der Wartenden in ihren Autos zu Staub zerfallen. Endlich läuft das Gerät, und der Wackelknochen stelzt fröhlich abspritzend um seinen Liebling

189

AUF DER ZIELGERADEN

herum. Neunzig Sekunden später ist der feuchte Traum schon wieder vorbei und der Automat giert nach dem nächsten Euro. Die Geronte befreit sich mühsam aus dem verhedderten Geschläuch, wackelt zum Automaten auf der rechten Seite und versenkt eine weitere Münze. Bis sie sich erinnert hat, dass der für ihn zuständige Kasten links hängt, sind die nächsten zwei Wartenden in ihren PKW verfault. Nach meiner eigenen Beobachtung wirft jeder der drei Tatterknaben mindestens acht Euronen in den Waschautomaten und sieht danach aus wie durch den Teich gezogen. Warum machen die das, wenn eine vollautomatische Wäsche inklusive Trockenfön schon für vier Euro neunzig zu haben ist? Ohne dass man sich einsaut. Und warum ausgerechnet samstagnachmittags, wenn auch der Berufstätige seine wenige Zeit gern der Autopflege widmet? Ist der Rentner total verblödet oder einfach nur böse? Nimmt man beides miteinander mal, wird ein Schuh draus. Entgegen dem Geunke ihrer Lobby-Verbände geht's der Spätlese in Deutschland doch bestens. Die Medien zeigen uns nur die Greise in den Heimen; die auf den Motorrädern, in den Wohnmobilen oder Waschanlagen, die werden uns vorenthalten. Dabei sind sie es, die die Politik im Land der lebenden Moorleichen bestimmen und wie eine Borkenkäferplage über die Staatseinnahmen herfallen. Doch genug gelästert über den Ablebestau im Rentnerparadies, denn noch ehe der Piephahn dreimal getropft hat, gehören wir selbst dazu und stehen selbst tattrig in der Waschanlage – wir allerdings schon ohne Auto.

Kleidung fürs Alter

Hippe Hussen für die Runzelpelle

Ob man in Würde altern und am Arsch noch die Jeans von früher tragen kann, ist nicht nur eine Frage des Stils, sondern der eigenen Glaubwürdigkeit. Peter Pan heißt heute Peter Kraus und vollführt mit siebzig noch den gleichen Veitstanz auf der Bühne wie vor fünfzig Jahren. Udo Jürgens sitzt auch mit fünfundsiebzig noch im Bademantel am Klavier. Allein Jopi Heesters trug schon vor neunzig Jahren Anzüge, die einem auch im Sarg noch gut zu Gesicht stehen.

»Hip teens don't wear blue jeans«: Jahrzehntelang als Ausweis ewiger Jugend gefeiert, ist die Denim-Hose heute zum Rentner-Beinkleid verkommen, auch und gerade bei denen, die sie in ihrer Jugend als schäbige »Nietenhose« verachtet haben. Da schlabbert sie am ausgemergelten Gerontenpöter und dachte, es wäre James Dean. Die Apologeten ewiger Jugend haben sich längst aus der alten Kult-Buchse verabschiedet und täten es am liebsten auch aus ihrem alten Körper. An den aufgespritzten, gestrafften und flach gehungerten Körperwelten hängen längst die Insignien heutiger Jugend: Kapuzenpullis, Cargohosen, Baggy Trousers, Sneakers ohne Schnürsenkel – immer eine Saison hinterm wirklich Angesagten wackeln Haut und Knochen Arm in Arm durch die Szene-Straßen, den iPod immer sichtbar am Halse hängend, damit man das Horgerät für die Ohrstöpsel hält. Wenn man nun aber weder in seiner alten Kledage aus WG-Zeiten würdevoll den Rubikon in die zweite Lebenshälfte überschreiten kann noch sich an zeitgenössischer Teenager-Mode vergreifen soll – was bleibt da noch an standesgemäßem Outfit in der Zielgeraden vor dem Exitus? Angefangen beim Körper, gilt es die Weisheit der Alten wieder hervorzuholen, die nämlich meinten, ab vierzig habe man sich beim Bodyshape, würde man heute sagen, zu entscheiden zwischen Ziege oder Kuh. Will heißen: ausgemergelte Hippe mit hervorspringenden Sehnen und skelettbetonter Karosserie oder dralles Nutzvieh mit leicht aus dem Leim geratenem Chassis. Beides nicht der Hit, um auf dem Fickelmarkt zu punkten, drum warum sich mit Mühe in die Ziege erst hungern, wenn die Kuhform den gleichen – nämlich keinen – Erfolg verspricht. Kleidung, die abgehangene Körper im besten Licht erstrahlen lässt, kann nicht konservativ genug gewählt werden. Denn es ist immer noch besser, aus altem Kragen blickt ein nicht ganz so alter Kopf, als wenn aus dem hippen Sweatshirt ein runzliger Hühnerhals sich windet.

Wann ist man alt?

Eher als du denkst, Moderhirn!

Wann ist man eigentlich alt? Oder warum wird man das überhaupt? Warum, ist klar. Damit man demnächst auch mal abkratzt und die Stellfläche für den Nachwuchs räumt. Gäb es keinen Nachwuchs, müsste man auch nicht den Pöter zuklappen. Da haben wir uns ein ganz schönes Ei ins Nest gelegt. Aus evolutionärer Sicht betrachtet, ist das Alter der »genetisch unaufgeräumte Winkel« der Biographie, will heißen: Scheißegal, ob der Rentner Chorea Huntington kriegt oder das innere Tragegestell zerbröselt – die Fortpflanzung ist bereits erfolgt, und der Kapitalschaden wird nicht an die nächste Generation weitergegeben. Zu Zeiten, als die Mutation die einzige Chance auf betriebliche Weiterbildung war, sicher keine dumme Idee. Alt war und alt wurde, wer übrig blieb und bloß noch im Wege stand. Prinzipiell gilt das auch noch heute. Im Arbeitsleben ist man bereits ab fünfundvierzig Kernschrott, als Frau von Dieter Bohlen noch zehn Jahre früher, als Papst darf man doppelt so viele Lenze zählen und immer noch den Hirtenbrief frankieren. Männer beginnen sich alt zu fühlen, wenn sich das Haupthaar lichtet oder aschfahl übers Hörgerät fällt, sie sind wirklich alt, wenn sie anfangen, Harleys für Motorräder zu halten und Porsche für Muschifallen und sich selbst für eine unausgemolkene Spermabombe. Unrecht hat hingegen der Volksmund, der meint, man sei so alt, wie man sich fühlt. Unsinn. Untrügliches Zeichen für den Beginn des Alters ist, wenn man mindestens einmal pro Woche sagt: »Zu meiner Zeit«. Aus dem Munde eines Toten ein verzeihlicher Spruch, bei Insassen der Gegenwart eher peinlich. Dennoch gibt uns diese Floskel einen entscheidenden Hinweis auf die zu Anfang gestellte Frage: Alt ist man dann, wenn man an der Gestaltung der Gegenwart nicht mehr teilnimmt, wenn man nur noch als fressender Kack-O-Mat von den Brosamen der nachfolgenden Generation lebt, kurz, als Rentner. Mit dem Wohnmobil die Straßen verstopfen, zu zweit einkaufen, Seniorenstudium, sinnlos durch Radfahren das Leben verlängern – kurz: alles daranzusetzen, für jedermann überflüssig zu erscheinen. Fidel Castro, Robert Mugabe, aber auch Rainer Brüderle wissen, dass der Abschied von der realen Welt aus dem Menschen ein Heimtier macht – wer nix zu sagen hat, dem hört auch keiner zu. Drum müsste es im Interesse aller sein, so lange wie irgend möglich als Beiträger in der Gegenwart zu leben und nicht als Freizeit-Amöbe. Nicht die Rente mit siebenundsechzig ist der Skandal, sondern die krasse Trennung zwischen der Teilnahme am Erwerbsleben und der zwanghaft mopsfidelen Todeszone.

Leben nach dem Tod

Juchhu, keiner stirbt mehr ungewollt

Es wird mal wieder Zeit, sich mit den essentiellen Dingen des diesseitigen Abhängens zu befassen. Thema der heutigen Lektion: Gibt es ein Leben nach dem Tod? Bisher war die spritzigste Antwort darauf: Ja, für die Witwe. Oder noch schweinelustiger formuliert: Es nennt sich Ehe!

Für den frommen Illusionisten war jahrhundertelang das Leben hier unten nur ein Wartesaal, richtig rund ging's erst im Himmel. Ich wage einmal die kecke Behauptung, dass im zivilisierten Teil der Welt niemand mehr an diesen Schmonzes glaubt.' Die Auferstehung des Fleisches gibt es nur noch und das schlimmstenfalls im Kühlregal, wenn auf den umetikettierten Putenschnitzeln neues Leben entsteht. Wir alle werden nicht umetikettiert: Ist unser Haltbarkeitsdatum abgelaufen, dann geht's auf die Deponie. Dennoch gibt es ein Leben nach dem Tod, und das Eklige daran ist: Es läuft schon an, während wir uns noch im Diesseits wähnen. Der eigenen Verwesung beiwohnen zu dürfen ist schon lange *das* Privileg der Moderne. Man muss da gar nicht die Intensiv- oder gar Palliativmedizin bemühen, schon weit vorher setzt der modrige Verfall bei den meisten Menschen ein.

Zuerst stirbt immer das Gehirn, einige kommen schon verwesend auf die Welt, spätestens beim Erreichen der vollständigen Leberwerte Mitte dreißig kackt bei vielen die Festplatte ab. Dann schwindet die Neugier, der Frohsinn, die Toleranz, ja, im Grunde alles, was nicht direkt mit Fressen und Ficken zu tun hat. Wenige überleben diesen ersten Tod im Erwachsenendasein, auf sie wartet aber schon der zweite. Dabei schaltet sich nicht der eigene Brägen selbständig ab, sondern alle anderen Menschen beschließen, diesen einen nicht mehr zu benötigen.

Tod Nummer 2 kommt bei dem einen in Gestalt von Hartz IV, beim anderen als Zwangsberentung. Politiker werden von den eigenen Parteifreunden davongejagt, Künstler verstummen, weil deren Gesülze keiner mehr hören will, Fußballer vögeln sich langsam aus den Klatschspalten davon. Das Leben nach dem gesellschaftlichen Tod kann trotzdem lustig sein, wenn der Ablebende gelassen auf das Rattenrennen der anderen zu blicken imstande ist. Heute allerdings sieht man schon, was von einem bleibt, wenn die Karkasse auch physisch den After verriegelt. Das Internet vergisst nicht: Es ist das Fegefeuer, in dem wir alle noch ewig schmoren, auch wenn unseren Leib schon die Würmer fressen.

ALLES AUSSER HOCHDEUTSCH

Der Grieche

... ist an allem schuld

Der Grieche! Kassiert vierundzwanzig Monatsgehälter im Jahr, wird schon im Vorschulalter frühpensioniert, und wenn er nicht gerade sein Land abfackelt, wird dort mehr bestochen als in einem ausgeräucherten Wespennest. Ist ja seine verkackte Republik, könnte einem deshalb egal sein. Eben nicht, denn der Grieche trägt die Schuld an allem, was uns in Europa das Leben vergällt. Den Euro hat er zur weltweiten Witzwährung abgewirtschaftet, hätten wir ja gleich die Ostmark einführen können. Und war es nicht auch der Grieche, der die Homosexualität in den Sport einführte? Jetzt haben wir den Salat: Unparteiische ziepen sich in der Halbzeitpause am Wurm und gehen danach petzen bei Zwanziger. Das Gymnasium, auch so eine griechische Erfindung, wird zur Kinderschänderanstalt. Pädagogik, Pädophilie – nicht umsonst teilen sich die beiden Begriffe die ersten Silben. Vor zweitausend Jahren, als sich der Germane noch mit dem Geschlechtsverkehr an seinem robusten Weibe beschied, frönte der Hellene schon der Knabenliebe. Überhaupt, Hellene, was für ein weibischer Name für ein Volk unrasierter Sorbas'. Sie halten sich selber für die Erfinder der Demokratie, der Philosophie und wahrscheinlich sogar des

Schnellkochtopfes. Doch was sind sie in Wirklichkeit? Ein Volk von Rabauken und Seeräubern. Hat der Grieche nicht auch das Christentum in Europa eingeführt? Paulus' Brief an die Korinther, da war doch was. Ist das Neue Testament nicht sogar in seiner Sprache verfasst? Hab ich ihn, den Schlemihl. Und heute fahren Christenhäuptlingsfrauen trunken durch Innenstädte, und wenn's rauskommt, verklagen die Hypokriten die Polizei auf Geheimnisverrat. In der anderen Fakultät fummeln die Propheten der Enthaltsamkeit die Ministranten durch. Von den Domspatzen bis in den Vatikan hinein ein einziges Sodom und Gomorrha. Und wer ist schuld, wer hat uns den Papst und seine feine Gesellschaft auf den Hals gehetzt? Der Grieche war's, aus Rache an der römischen Besatzungsmacht ebnete er in Konstantinopel dem Christentum den Weg. Keine hundert Jahre später war's um Rom geschehen. Wer aber ist nicht katholisch? Der Grieche selbst – hahaha, lacht er sich ins Fäustchen und lässt den römischen Papst einen alten Mann sein. Stattdessen widmet er sich der zügigen Zersetzung des Abendlandes: vergiftet weißen Wein mit Baumharzen, betreibt als Schweineköhler in ganz Europa Fressbuden für kulinarische Selbstmordattentäter und beschimpft den halbwegs kultivierten Rest Europas, weil dieser seinen verfaulten Ziegenpuff nicht mit Milliarden Euro-Alimenten am Leben erhalten will. Türke, erbarme dich seiner. Amen!

Burka oder nicht

Bei uns werden Frauen nicht eingewickelt, basta!

Wenn der Muselmann seine Muselfrau in ein Bettlaken einwickelt und dergestalt auf die Straße schickt, dann ist das Zurschaustellung religiöser Symbolik gepaart mit Unterdrückung der Frau und gehört dementsprechend untersagt. Ich finde hauptsächlich, dass die wandelnden Einmannzelte mit den Augenschlitzen einfach scheiße aussehen, aber was sieht nicht alles scheiße aus an menschlichen Phänotypen, die durch die Innenstädte wackeln? Wenn eine Frau, Typus scharfe Mieze in kurzem Fummel, Highheels und gepushten Glocken im *visible* Nippel-Design den amtlichen Arsch durch die Straßencafes navigiert, dabei ein goldenes Kruzifix um den Hals, dann ist das natürlich auch Zurschaustellung religiöser Symbolik gepaart mit der Unterdrückung der Frau, allerdings durch sich selbst, meinetwegen auch durch das Penetrat, wie die Emanzenfront behauptet. Der wesentliche Unterschied zu der Figur Nummer 1: Der scharfe Feger im knappen Fetzen bietet dem männlichen Auge deutlich mehr und kommt damit der Hauptaufgabe der Frau als Auslösereiz idealiter nach. Dieser biologischen Triebsteuerung kann sich auch der Muselmann nicht entziehen, auch er guckt den unverschleierten und ungläubigen Ricken auf den Spiegel, lässt die eigenen Weibchen aber nur als Tarnkappenbomber vor die Tür – das ist unfair. Und meinetwegen kann jeder Religionen ausüben, die noch aus der Zeit vor der Erfindung

ALLES AUSSER HOCHDEUTSCH

des Ottomotors stammen, aber da wo alle rumlaufen, sollte man sich doch an ein paar Regeln halten, die sich in Mitteleuropa seit Jahrhunderten bewährt haben: Wir zeigen unser Gesicht, dafür nicht den Wurm und den nackten Arsch nur am Christopher Street Day – aber da kann man ja zu Hause bleiben. Ich finde, das ist ein faires Geschäft und macht den öffentlichen Raum zu einem halbwegs erträglichen Gelände. Wer an dieser bürgerlichen Öffentlichkeit aus welchen Gründen auch immer nicht teilnehmen möchte, der kann meinetwegen nackt, vermummt oder mit einem Finger im Popo durch die eigene Wohnung springen, aber soll endlich aufhören, von Religionsfreiheit oder Toleranz zu schwadronieren.

Integrationsmuffel

Da patzt der Multikulti und rüffelt den Migranten

Es muffelt wieder in Deutschland. Endlich! Lange war das Muffelwild aus den Gazetten verschwunden, tauchte nur hier und da mal auf, wenn es hieß, Deutsche seien Passwort-Muffel, generell Internetmuffel oder, noch widerlicher, Paid-Content-Muffel. Vorsorgemuffel ohnehin, besonders Männer, wenn der Urologe mit dem Mittelfinger ... ist auch egal, das sind ja nur Randmuffel, genau wie die Community-Muffel, die immer noch nicht beim Gesichtsbuch ihre biometrischen Daten hinterlegt haben.

200

INTEGRATIONSMUFFEL

In Vergessenheit geraten ist dabei der Morgenmuffel als der Urmuffel – so genannt, weil er kurz nach dem Aufstehen ein mürrischer und verdrießlicher Zeitgenosse ist. Dem Muffeltum wohnte also ursprünglich eine zwar misanthropische, aber im Grunde harmlose Haltung zu allem Seienden inne. So gesehen war auch der Sexmuffel eher eine bemitleidenswerte denn gefährliche Kreatur, der Gurtmuffel (sehr populär in den Siebzigern) riskierte immerhin schon das eigene Leben fürs verbohrte Muffelsein. Das Überleben des ganzen Planeten scherte *ihn* wenig, den Umweltmuffel.

Dann war es jahrelang ruhig im Mufflongehege, jetzt endlich können wir einen Zugang verzeichnen: die Integrationsmuffel. Das sind Kasemuffel und Spaguffel, die lieber ihre eigene Hinterwäldlerreligion und -kultur behalten, als sich brav ins Deutschtum einzureihen. So müffeln sie denn in ihren Stadtteilen herum und versuchen durch hohe Fertilität das Integrationsmuffel-Gen säckeweise in die nächste Generation weiterzuvögeln. Das finden jetzt nicht nur Multikulti-Muffel nervig, sondern große Teile der Bevölkerung. Denn, so heißt es oder wird zumindest statistisch vermutet, unter den Integrationsmuffeln befänden sich überproportional viele Beschäftigungs-Muffel, Nicht-Frauen-Schlag-Muffel, wenn nicht sogar jede Menge Weiße-Weste-Muffel und Andere-am-Leben-Lass-Muffel, da hat sich über die Jahrzehnte ganz schön was zusammengemuffelt.

Und nun sagen die Kasemuffenkuschel-Muffel zu den Leitkulturmuffeln, sie seien naive Spinner und diese bezichtigen jene des Antifaschismus-Muffeltums. Der lachende Dritte aber ist der Integrationsmuffel, der lässt die beiden Torfköppe sich in Talkshows eine zweite Naht an den Wurm

201

labern und bleibt sich weiterhin treu als Deutschmuffel, Bildungsmuffel und Malochemuffel. Und wenn's lange noch so weitergeht, dann haben alle Politiker auch ein gemeinsames Gen: das Kacken-Gen, das können sie dann nämlich alle mal, meinetwegen.

Religion

Gott ist allmächtig, der braucht keine Idioten, die an ihn glauben!

Wenn Sarrazin zur Feder greift, geht den Kopftuchkuschlern der Hut hoch. Das hören sie nämlich nicht gerne, was Onkel Thilo so von sich gibt. Was ist denn so schlimm an dem ganzen Islam und den Muslimen? Ist es vielleicht nur zufällig so, dass Nicht-Deutsch-Sprechen, Krimineller-Jugendlicher-Sein, von Stütze leben und Frauen unterdrücken statistisch auffällig mit muslimischem Glauben korreliert? Kann sein, kann aber auch nicht. Ich habe diesbezüglich weniger Angst um die Vernichtung des christlichen Abendlandes als um seine Restitution durch die kalte Küche des Islam. Wir Mitteleuropäer haben nicht einen orientalischen Irrsinn durch jahrhundertlange Aufklärung und Millionen Kollateraltote überwunden, um uns den nächsten einzubrocken. Schon gibt es Islamunterricht an staatlichen Schulen und infolge fragt keiner mehr, was Pastoren und Pfarrer eigentlich dort zu suchen haben. Wenn erst der Mu-

RELIGION

ezzin durch die Siedlung grölt, wird das Kirchengebimmel plötzlich zum Akt des Widerstands. Ohne eigenes Zutun sind die Kirchenschranzen zu Rettern des Abendlandes geworden. Gott sei Dank, muss man beinahe sagen, sind Kinderschänder darunter, damit das Image nicht allzu sehr strahlt. Wäre nicht der Islam rechtzeitig als Popanz aufgetaucht, die christlichen Konfessionen hätten wohl noch mehr an Bedeutung verloren. Nun aber überbieten sie sich an Dialogbereitschaft mit den Muslimen, wohl wissend, dass auch ihr Schicksal daran hängen könnte – eine Krähe hackt vorausschauend der anderen kein Auge aus. Dabei wäre es durchaus eine lohnenswerte Aufgabe für die christlichen Gottesvereine, die Ausbreitung muslimischer Lebensauffassung in unserer Gesellschaft zu verhindern. Denn Religionsfreiheit hin oder her – die beste ist immer noch die Freiheit *von* jeder Religion. Das Christentum ist über die Jahrhunderte gezähmt worden und bei allen Vorbehalten gegen den Unsinn, der von seinen Schamanen verbreitet wird – eine Religion, über deren Gottheiten man weitestgehend unbehelligt sogar üble Witze machen darf, kann so schlecht nicht sein. Deshalb: Wenn sich der Wahn schon nicht vermeiden lässt, dann doch lieber eine zahme Haustier-Religion als schon wieder ein neues Biest aus der Wüste.

Nazis in der Sinnkrise

Hoppala, der Braune kackt ab

Die FDP kackt grad heftig ab, die Sozen sind sowieso schon unten, der CDU laufen die Präser weg und DIE LINKE weiß eh nicht, was ihre Rechte tut. Aber wie steht's denn eigentlich um unsere Nazis, geht's denen wenigstens gut?

Da sieht's ganz finster aus. Der Nazi hat's eh schon schwer, er sieht scheiße aus, trägt unvorteilhafte Kurzjacken über gewölbter Wampe, kahlrasiertes Kleinhirngefäß und alle Weiber aus seiner Umgebung sind in den Westen geflohen. Nix zu knattern, keine Knete, da muss man sich an Deutschland klammern. Wenigstens auf eins konnte man sich verlassen: Marschierte man mit ein paar anderen Behämmerten durch irgendeine Innenstadt, musste man als Pimmelkopp nur dreimal hintereinander »Deutschland« grölen und reflexartig bildete sich eine Gegendemo aus gefriergetrockneten Meinungsveganern. Mit etwas Glück gab's sogar von der Staatsmacht eins aufs große Maul.

Schon mit der in Schwarz-Rot-Gold getauchten WM 2006 schwand das Nationalmonopol der Glatzenkrieger. Vier Jahre später ist alles am Ende. Eine Schwarze singt »Ich liebe deutsche Land«, eine freche Göre siegt in Oslo in nahezu englischer Sprache für Deutschland. Tausende schwenken die deutsche Flagge, als wär's ein hippes Fan-Shirt. Ja, wo sind wir hier denn eigentlich? Zum Glück ist wenigstens das Hakenkreuz verboten, sonst hätte man ja nichts mehr zum Leute ärgern. Na ja, und die gute alte Reichskriegsflagge, die wird

NAZIS IN DER SINNKRISE

man sich ja auch noch in den Garten hängen dürfen. Am Böhse-Onkelz-Aufkleber im Heckfenster kann man schon lange keinen Kameraden mehr erkennen. Es ist ein Graus, nichts ist mehr so schön wie früher.

Die Innenministerkonferenz der Länder beschließt, nun auch verstärkt gegen linksextreme Gewalt vorzugehen. Wo bleibt denn da das Gewaltmonopol der Neonazis? Kräftig Kloppe austeilen und Autos wegbritzeln, na ja, da bieten die Autonomen ja mittlerweile mehr an Action. Es kommt noch so weit, da laufen den Neonazis die Mitglieder weg und das letzte Dutzend meldet sich zurück zum Tagesdienst beim Verfassungsschutz. Braun ist nur noch die eigene Scheiße und schwarz die Zukunft, Rieger ist auch tot und kauft keine neuen Vereinsheime mehr. Ach verflucht, da greift der De- pri-Nazi in den fünf Zentimeter breiten Bücherschrank und sucht Trost in den Worten des Führers. Doch *Mein Kampf* ist leider auch ein stinkenlangweiliges Scheißbuch. Na ja, we- nigstens isses noch verboten, und mit etwas Glück kommt Mutter ins Kinderzimmer rein und zeigt den braunen Blöd- mann an.

… ALLES AUSSER HOCHDEUTSCH

Immer diese Ausländer

Premium-Pigmentierte wanted

Noch schlimmer als für Männer die Frauen sind für Deutsche die Ausländer: An die attraktiven kommen sie nicht ran, und die nervigen zu Hause werden sie nicht los. Was jetzt? Angelockt durch die Pheromone des Sozialstaats, flattern just jene armen Schweine in das gleißende Licht des glitzernden Dschörmenis, die vom Leben nicht mehr verlangen, als ihnen eben jener Sozialstaat zu geben bereit ist: Dach überm Kopf, Happehappe und ab und zu klingeling nach Omma im Slum. Diese Basic-Immigranten nerven nicht besonders, bringen das erodierende Gemeinwesen aber auch nicht nach vorn, es sei denn als Sinnstifter für eindimensionale Moralgurken, denen sie den Alibi-Sinti im Kirchenasyl vorspielen.

Schon etwas unangenehmer sind die Einreislinge mit deutlich kriminellen Absichten, früher in der guten alten Zeit von Eduard Zimmermann gern als »Südländer« bezeichnet – da wusste man gleich: Obacht, Freund Ölauge führt Übles im Schilde! Unterstützung findet diese Mischpoke in den Alphabetallergikern der dritten und vierten Einwanderergeneration aus den Halbwüsten Vorderasiens. Die Frauen laufen nur in Verpackung rum und an den cholerischen Testosteronbomben integriert sich noch der Gutwilligste einen Wolf. All diese ganz unterschiedlichen Bevölkerungsgruppen fassen sowohl die Neo- und Paläo-Nazis, aber auch die Streichel-Naivlinge unter dem Begriff »Ausländer« zusammen, oder in Doofmannsprache »Migrations-Hintergründler«. Erst allmählich dämmert es den engagierteren Nutzern ihrer Großhirnrinde, dass man mit den Begriffen nicht weiterkommt. Denn genau wie beim Deutschen selbst oder auch beim Pitbullterrier gibt's beim Ausländer so'ne und so'ne.

In den Medien, aber durchaus auch in der U-Bahn, fällt meist nur die eine Sorte ins Auge, der früher häufig so genannte »Kanake«. Den mag der Deutsche nicht so gern: Er riecht nicht so wie er, isst komische Sachen und glaubt an ein Wesen mit fünf Buchstaben, das weder Jesus noch Maria heißt. Außerdem weigert er sich, unsere herrliche Sprache zu lernen und seine Töchter geschlechtsreifen Germanen als Manövergelände zur Verfügung zu stellen. Der isses nicht, was aber bleibt, ist die deutsche Sehnsucht nach dem edlen Wilden, sagen wir mal: Winnetou als Informatiker oder Naomi Campbell in der Altenpflege. Diese Edelmigranten bekämen sogar einen ordentlichen Batzen Begrüßungsgeld steuerfrei auf die Tatze, die schwarze. Aber nein, der Premiumspaguffe ziert sich und will nicht kommen ins Land der Gartenzwerge. Schöner Mist, da müssen wir wohl doch sehen, wie man aus dem vorhandenen Material noch was Anständiges schnitzen kann.

ALLES AUSSER HOCHDEUTSCH

Der gute alte Herbst

Einziger Erwachsener unter den Jahreszeiten

Der Sommer: triefend vor Nässe, Orkane oder Gluthitze. Der Winter: neblig und feucht oder drei Monate Permafrost. Der Frühling: verschwunden, gibt's nicht mehr. Die einzige verlässliche Jahreszeit ist der Herbst, dieser gute alte Freund melancholischer Düsternis am späten Nachmittag. Die reiche Ernte des Sommers wird allerorten eingefahren, wie vor Urzeiten fällt noch immer das Laub. Die Vögel ziehen nach Süden, die Schwarzkittel erschießt der Waidmann am Feldesrain. Der Herbst ist die Zeit der Besinnung, des lyrischen Blickes auf die Welt. Der Herbst ist ganz bei sich selbst, er weckt keine Hoffnung auf das, was da längst hätte kommen sollen, wie der Winter, der nicht enden will. Er ist nicht geprägt von der Furcht, dass er bald zu Ende sei wie der Sommer. Der Herbst ist der Herbst, was nach ihm kommt, ist noch beschissener, und was vor ihm war endgültig vorbei. Er ist die Jahreszeit, die sich niemals einer Kritik stellen muss. Der Herbst ist der Herbst, basta. Am Sommer wird schon im Juli rumgemäkelt, viel zu nass, der kälteste seit Beginn der Zeitrechnung, zu trocken, zu irgendwas: Der Sommer kann es keinem recht machen, spätestens im August heißt es: Er war zu kurz und im September: Dieses Jahr hatten wir überhaupt keinen. Die Bauern jammern über schlechte oder zu gute Ernten, der Fremdenverkehr über leere Betten. Es ist ein einziges Lamento, sobald die letzte Schwalbe die Biege gemacht hat, weil sie das Gestöhne nicht mehr aushielt. Ach ja,

DER GUTE ALTE HERBST

und Störche waren's dieses Jahr auch nicht so viele wie im letzten und die mazedonische Miniermotten fraßen die Kastanien auf, die Raupen des Seidenspinners den Laubwald und die reiselustigen Rentner unseren Staatshaushalt, schuld ist der Sommer, dieses blöde Arschgesicht. Kaum ist das Gejammer verklungen, geht es ohne Pause ins Wintergestöhne über: Reifen jetzt wechseln, Heizöl zieht schon an im Preis, wenn's wieder so kalt wird wie im letzten, bricht die Konjunktur ein, oder kriegen wir überhaupt keinen Winter, bange Frage ab Anfang Oktober: Gibt's in diesem Jahr eine weiße Weihnacht oder gar keine, und die Kirche beweint den ersten Dominostein bei Aldi schon im September. Über all diesen kleinkarierten, weltlichen Dingen thront einsam der Herbst, die majestätische Jahreszeit, die seit Beginn aller Tage sich selbst treu geblieben ist und uns an die Vergänglichkeit als einzig Beständigem in der Welt erinnert.

Der Herbst ist die Zeit der Erwachsenen. Das Laub fällt von den Bäumen, auf den Wiesen liegt am frühen Morgen noch der Nebel, im Fernsehgerät ist die Zeit der Wiederholungen vorbei. Warum himmeln die Menschen dann immer noch den Sommer an? Warum verlassen Männer ihre treue Ehefrau für eine vulgäre Schlampe?

Rache ist eklig

Post ans Finanzamt

Es gibt Tage, da will man einfach mal was ganz anderes tun, etwas, das man noch nie getan hat, aber längst hätte tun sollen, zum Beispiel eine alte Rechnung begleichen.

Dies war so ein Tag. Der Postbote hatte mir einen Brief gebracht, ich kannte das Schreiben schon. Aha, dachte ich, die Schweinepriester vom Finanzamt, worum geht's denn diesmal? Seit gefühlten einhundert Jahren zahle ich brav meine Steuern, nicht *einmal* gab es ein Dankeschön, keine Karte zu Weihnachten, kein Akkuschrauber beim Wechsel der Steuerklasse, nix! Doch wenn ich einmal die zweiunddreißig Euro KFZ-Steuer für mein Motorrad um eine Zehntelsekunde versäumt habe, dann kommen diese maschinell erstellten Formschreiben mit den Nazivokabeln: »Zwangsvollstreckung, Steuervorauszahlung nur per Lastschrifteinzugsverfahren, Säumniszuschläge auf Rückstände können durch den Einsatz einer Parkkralle durchgesetzt werden«.

Und spontan beschloss ich, ein Paket mit frischer, stinkender Scheiße ans Finanzamt zu schicken, sozusagen einen Bräuniszuschlag. Einfach so, nur um dieser Rüpelbande mal auf ihrem Niveau zu begegnen. Natürlich ohne Absender, bei allem Spaß bin ich schließlich nicht wahnsinnig.

Ein Paket mit brauner Ware ans Finanzamt, das klingt einleuchtend, aber vor allem einfacher, als es ist.

Erstes Problem: Nimmt man den eigenen Stuhl? Dann braucht man, will man sich zum Beispiel nicht in der Woh-

RACHE IST EKLIG

nung hinhocken und auf eine alte Zeitung machen, einen Flachspüler in der Toilette. Darin wird die Wurst auf einem Podest zwischengelagert und erst mit dem Spülvorgang in den Siphon gejagt. Verfügt das eigene Bad über jenen Flachspüler, lassen sich die Würste mit einer Grillzange problemlos entnehmen. Vorausgesetzt natürlich: Der Stuhl ist entsprechend geformt und zerfällt nicht gleich bei der ersten Berührung. Hat man nur einen dieser modernen Tiefspüler, fischt man mit der Würstchenzange in der Siphonbrühe herum, kriegt die Kotwürste nicht richtig zu fassen und wenn doch, sind sie durch das Wasser so glitschig, dass sie einem aus der Hand flutschen und der Spiegel, die Toilettenumrandung, die Haarbürste ... kurz, eine Riesenschweinerei!

Wie aber muss nun der Kot beschaffen sein, um eine maximale Wirkung in der Behörde zu erzielen? Und darf es überhaupt der eigene sein? Ich kann mir denken, dass die Burschen jeden Tag solche Pakete bekommen und schon routinemäßig den Stuhl auf DNA untersuchen, zack bin ich dran: »Fäkalhumorist geht aufs Ganze«. Wenn's nicht die eigenen sind, wessen Exkremente dann? Vom Hund, selbst gesammelt draußen auf'm Bürgersteig? Die stinken ja nicht richtig. Dieser parfümierte Vegetarierfraß, den der Designerpurzel sich so reinhaut, da wird nie im Leben ein übelriechender Raubtierschiss draus – wie er aber für meine Zwecke absolut nötig ist.

Hilft alles nix, es muss vom Menschen sein, davor ekelt man sich am meisten, geht mir jedenfalls so. Ist an sich unlogisch, kommt ja sozusagen aus der Familie, trotzdem: pfui Deibel!

Nächste Idee: Freunde einladen und heimlich ein Teesieb

ALLES AUSSER HOCHDEUTSCH

in den Tiefspüler hängen. Dann Chili mit Eierlikör servieren, zur Härtung der Analfrucht ein paar Eisen- oder Kohletabletten hinzugeben und warten, was passiert. Schön und gut, aber welche Gäste bleiben schon drei Tage, bis die Bombe durchgerutscht ist?

Also gut, nächste Strategie: Auf zum Autobahnrastplatz, da stuhlen die Reisenden wie die Braunbären einfach in den Wald hinein. Das Vorhandensein einer Toilettenanlage ermuntert die Menschen geradezu, diese nicht zu benutzen. Also bin ich zum Autobahnrastplatz »Iltisgrund« gefahren und hab das Material gesichtet: Enttäuschend! Als ich schließlich einen finde, springt ein Zwergpudel aus einem PKW und frisst ihn mir vor der Nase weg. So ein Mist!

Jetzt werden aber Nuggets mit Köpfchen gemacht: der Fernfahrer oder Tracka, wie die Doofen sagen. Nach zweiunddreißig Stunden am Steuer hat sich aus Schweinefleisch und fettiger Kartoffelpampe eine steinharte Kotbombe gebildet, die nur unter grausamen Schmerzen ans Tageslicht gepresst werden kann. Um es noch zu verdeutlichen: Dem Kotgeber könnte man bei dieser Prozedur die Augäpfel mit der Dachlatte vorm Gesicht wegschlagen.

So, an diesen Premiumkot müssen wir rankommen. Wenn der Tracka eine Stunde vor dem Abseilen des tiefschwarzen Kollegen auch noch zwei, drei Pils weggehauen hat, dann erhält die Kotbombe auch noch den gesuchten Hautgout, den wir für unser Vorhaben brauchen, in der Fachliteratur auch »Bierschiss« genannt.

Auf welche Weise der Verfasser nun in den Besitz des gesuchten Objekts gelangte, verschweigt er, zumal auch Damen anwesend sind. Nur so viel: Ein Zwanzig-Euro-Schein spielte eine nicht unwesentliche Rolle, und Tupperdosen sind nicht so dicht, wie auf Partys immer behauptet wird.

Der Kotabschnitt, so groß wie ein ausgewachsener Zwergdackel, wird erst einmal tiefgefroren, damit das Aroma nicht verfliegt.

Kommt also nur die Eilzustellung in Frage. Der Umschlag wird vorbereitet, korrekt adressiert, die Braunbärenfäces, ich meine die Berufskraftfahrerexkremente werden nackt und gefroren in den gepolsterten Umschlag geschoben und dann aber heidewitzka zur Postagentur.

Mist, vier Leute vor mir. Dann, endlich: »Guten Morgen, ein Eilpaket, das geht doch heute noch raus?«

Die Agenturmaus schaut mich verständnislos an: »Warum machense denn 'ne Paket raus, das geht doch noch als Doppelbrief, wattense mal, ich schieb den mal durch die Schablone, wenn er nich höher ist als 2 cm, geht der doch für 1,45.«

»Hahaha, nein, nein, lassense nur, ich zahle gern den Aufpreis für das Paket.«

Doch schon hat die Postmaus den Umschlag durch die Doppelbriefschablone gepresst, und ja, was soll ich sagen? Da kann ich mich die nächsten Erdzeitalter auch nicht mehr blicken lassen.

In meinem Kühlschrank liegt noch die zweite Riesenwurst von der Raststätte, zur Tarnung mit der Aufschrift »Schinkengriller«, damit meine Frau nix merkt.

Jedes Mal, wenn sie sagt: Komm, lass uns doch heute mal grillen, is so'n schöner Abend – dann läuft's mir kalt den Rücken runter.

DEUTSCHE HEIMAT

Bomben über Wunstorf

Manchmal, wenn ich mit meinem PKW durch Wunstorf – ich sag mal – fahre, hab ich viel Zeit: Vor mir glitzert schon die zweite Baustellenampel und langsam verklumpt sich der gesamte Güterfern- und Mautvermeidungsverkehr Norddeutschlands, hinter mir flucht die Hälfte aller Schichtarbeiter von VW und Conti vor sich hin – will sagen, in solchen Momenten denkt man wenn nicht gleich über den Sinn des Lebens so doch über den Sinn von Wunstorf nach.

Wie eine halbverdaute Ouzoplatte durch den Enddarm eines deutschen Bauarbeiters schiebt sich die Verkehrspampe durch den Arsch von Wunstorf. Mittlerweile ist der zähflüssige Brei in Höhe Ampel Nummer 7 angekommen. »Zwölf ham wir noch, dann sind wir durch«, meldet sich der Schalk in einem finsteren Teil meines Hirnlappens. Auf der linken Fahrbahnseite sammelt sich ein Rudel Behämmerter aus der nahegelegenen Irrenanstalt und probt mit dem Leiter seiner Taschengeldgruppe die Überquerung der Asphaltfurt. Von rechts drängeln sich city-shoppende Audi-Weibchen aus dem hier »Altstadt« genannten Abrissviertel in die Kolonne. Ein Banner über der Straße verkündet die »Wunstorfer Matjes-Wochen«. Kultur ist, wenn man tote Fische frisst, hatte ich

215

DEUTSCHE HEIMAT

immer schon vermutet. Schade, dass der Wunstorfer Sympathieträger aus dem Stadtbild verschwunden ist, wie hieß er noch mal, »Wunni« glaub ich, lustig, lustig. Gut, dass Pforzheim und Darmstadt nicht über ähnliche kreative Köpfe in ihrer Fremdenverkehrsabteilung verfügen.

Wieder eine Ampel geschafft, die Blöden sind mit ihrem Gruppenleiter auf die andere Seite gewechselt und die lebende Endmoräne in dem Hyundai-Pony vor mir hat den ersten Gang endlich gefunden. Mein Blick schweift rüber zur Marktkirche, dort soll noch immer der Eisenkäfig hängen, in dem ein gewisser Ortjes Dove vom Leben in den Tod befördert wurde. Was hatte er Schlimmes verbrochen? 1570 die ganze Stadt abgefackelt, eine verzeihliche, wenn nicht gar lobenswerte Handlung, wenn ich's aus der Distanz betrachte. Noch heute rätseln die Historiker über die Motive seiner Tat. Hä? Hallo! Er hat Wunstorf in Brand gesetzt. Warum? Ja, weil's Wunstorf war, was gibt es da zu rätseln. Aber da braucht es den gesunden Verstand des Durchreisenden und nicht den verquasten eines Historikers. Meiner Ansicht nach sollte man neben den Fischfresserwochen noch ein weiteres Highlight im Wunstorfer Touristik-Kalender verankern: »Die Ortjes-Dove-Pyromanen-Festspiele«.

1625 brannte Wunstorf übrigens schon wieder ab, diesmal waren's die Kaiserlichen, die zündelten. Da fällt meine Sympathie deutlich verhaltener aus, da ich aus religiösen Gründen selbstredend Gefolgsmann des Schweden bin. Trotzdem stellt sich hier wie von selbst die Frage: Warum ist Wunstorf seit nunmehr fast vierhundert Jahren nicht mehr abgebrannt – und ganz langsam bahnt sich ein Tagtraum seinen Weg an die Oberfläche meines Bewusstseins.

BOMBEN ÜBER WUNSTORF

Doch zuvor will eine weitere Lichtsignalanlage genommen sein. Der Tote vor mir rührt schon eifrig mit seinem Pürierstab im Getriebe des Hyundai herum, es kann sich also nur noch um fünf, sechs Ampelphasen handeln, bis es weitergeht. Ich amüsier mich derweil mit dem Werbeslogan der Stau-Kommune: »Stadt mit Meer«. Das zweite »e« ist rot durchgestrichen und ein handschriftliches gleichfalls rotes »h« drübergepinselt. In diesem Moment spreche ich meine erste Einweisung in die Forensische des Vormittags aus, und zwar für den Kreativ-Pinscher, der sich diesen Brüller aussem Popo gezogen hat: »Stadt mit Meer«, bruharahar. Da stimmt beides nicht: Wunstorf liegt genauso wenig am Steinhuder Meer wie Hamburg an der Nordsee, vielleicht sollten die beiden eine Städtepartnerschaft eingehen, gemeinsame Themen wie zähflüssiger Durchgangsverkehr und Irrenanstalten sollten schnell eine angenehme Atmosphäre schaffen.

Das Steinhuder Meer gehört seit der letzten Eiszeit nämlich zur Grafschaft Schaumburg, und die dort ansässigen Neandertaler hätten sich's lieber von einem Mammutbullen besorgen lassen, als einem Wunstorfer die Hand geschüttelt. Das ging auch jahrtausendelang gut, bis 1974: Im Zuge der imperialistischen Gebietsreform überfielen die Wunstorfer Steinhude und gliederten es in ihren stinkenden Machtbereich ein. Der Gerechtigkeit halber muss erwähnt werden: Dies wäre nicht gelungen, wenn nicht auch einige der übriggebliebenen Neandertaler aus den modrigen Sümpfen Steinhudes übergelaufen wären zu den Wunstorfern. Diese Verräterbrut hatte noch ein Hühnchen zu rupfen mit den Nachfahren des Grafen Wilhelm zu Schaumburg. Sei's drum, weg ist weg und deshalb nennt sich jetzt dies merkwürdige Kommunalgebilde

217

DEUTSCHE HEIMAT

»Stadt mit mehr« wobei auch die zweite Schreibweise mit »h«
nicht meine Zustimmung findet. »Stadt mit weniger« zum
Beispiel Ampeln wäre in der Tat »mehr« gewesen.

Wie kann Wunstorf überhaupt diesen ganzen Wahnsinn
hier finanzieren? Auch das liegt im Jahre 1974 begründet: Da
hat man sich nicht nur den Zugang zum Meer ergaunert wie
einst Polen im Versailler Vertrag, sondern sich auch noch Bo-
keloh und Mesmerode einverleibt, das Schaumburger Indus-
trierevier – feige wie einst der Franzos das Saarland. Aus den
erbeuteten Steuergeldern finanziert der Wunstorfer seine
jämmerliche Existenz.

Endlich: die nächste Ampel geschafft. Auf der rechten
Seite der Magistrale lädt die Wunstorfer Geschäftswelt zum
Bummeln ein: ein Pizza-Wegwerfservice, ein Hundetäto-
wierstudio und eine Schule für ostasiatisches Vermöbeln –
»Feng Shui Jitsu« oder so. »Um-lei-tung« wäre mir lieber gewesen. Von den Fassaden blättert die Farbe ab, ein Plakat mit
einem nackten Frauenarsch weist auf das Geschäft des ört-
lichen Natursteinlieferanten hin, das verstehe, wer will.

Mittlerweile sind wir an einer der schönsten Ampelanla-
gen eingetroffen. Hier an der Pforte zur Vierspurigkeit hat
der Wunstorfer allen Durchreisenden einen besonderen Spaß
bereitet. Aus der Stadt herausstrebender Verkehr mit einem
Aggressionspotential einer Kompanie Panzernashörner hat
zeitgleich mit dem von rechts kommenden Verkehr GRÜN –
ham wer gelacht. Komischerweise fahren die sich aber gar
nicht gegenseitig tot, sondern achten den anderen. Da hat sich
der Wunstorfer gehörig in den Finger geschnitten, aber was
soll's, wir stehen kurz vor dem Paradies: Hier beginnt die vierspurige Hochstraße. 1981 eingeweiht in der Hoffnung, dass

218

BOMBEN ÜBER WUNSTORF

sie weitergeführt würde durch den ganzen Wunstorf-Rest. Aber nichts da, stattdessen rammte der Wunni zwei Ampeln in den Verkehrsfluss. Aber man ist ja schon froh, wenn man die Schrittgeschwindigkeit für ein paar Kilometer verlassen kann. 70 km/h wird hier vom Verkehrsschild anempfohlen, und die meisten Autofahrer geben sich tatsächlich mit dem Doppelten zufrieden – fürs Erste. Übrigens: Hauptursache der vielen Unfälle auf der A2 sind gar nicht die osteuropäischen LKW, sondern die Adrenalin- und Testosteron-Tanker, die von Wunstorf aus auf die Autobahn schwappen und sofort mit dem Hacken minutenlang aufs Gaspedal eintreten.

Auch mir reicht's allmählich und ich versuche mit der über mir fliegenden Transall auf gleicher Höhe zu bleiben.

Ein anderer Tagtraum bemächtigt sich sodann meiner: Wie schön wäre es doch, wenn eine vierspurige Umgehungsstraße quer durch Wunstorf oder meinetwegen auch drum herum gefräst würde, auf der die Menschen aus Schaumburg, Nienburg und Ostfriesland friedlich ihrem Feierabend entgegenbrummen könnten, statt jeden Abend aus Frust über Wunstorf Frau und Hunde zu verwämsen.

Und da ich noch so dahinträumte, über mir das sonore Brummen der Transall, unter mir das sirrende Asphaltband, sehe ich es links im Felde stehen: ein Transparent auf einem Hänger montiert: »Nordumgehung« kann ich grad noch lesen. Wie bitte! Was? Schreien möchte ich vor Freude, doch dann lese ich den ganzen Text: »Bürgerinitiative gegen die Nordumgehung«.

Dahinter steckt der Iwan, ist mein erster Gedanke, oder die Taliban, wenn nicht gar die CSU. Kein vernünftiges Wesen westlich des Schimpansen-IQs kann gegen eine Umgehungsstraße für Wunstorf sein, was sind das für finstere Machenschaften? Wer sind die Drahtzieher? Wer ist noch fürchterlicher und verachtenswerter als sämtliche Finsterlinge auf der ganzen Welt? Richtig! Der Wunstorfer selbst ist Initiator dieses teuflischen Begehrens.

Über mir dreht die Transall mit dem tiefen Bariton ihrer beiden Rolls-Royce-Triebwerke ab Richtung Fliegerhorst. Du hast es gut, schau ich ihr nach, brauchst keine Umgehungsstraße, um Wunstorf zu überwinden. Doch mir armen Erdenmensch hülfe auch kein Rolls-Royce hienieden.

Als ich der Transall sehnsüchtig nachblicke, drängt der andere Tagtraum wieder nach vorn und auf dem Schild im Feld steht jetzt nicht mehr der Text der Bürgerinitiative gegen die Nordumgehung, sondern dort wird ein Actionfilm angekündigt:

Bomben über Wunstorf

Ein Film von Dietmar Wischmeyer. Gedreht an Originalschauplätzen mit verblüffend echt wirkenden Szenen. Erleben Sie mit, wie eine Stadt in Schutt und Asche versinkt, um Platz zu schaffen für eine blühende Umgehungsstraße.

Bomben über Wunstorf

Action-Kino der Superlative.

In den Hauptrollen: Sky du Mont als Bürgermeister von Wunstorf, Frauke Ludowig als Bomberpilotin Ludmilla und als Wunstorf die Stadt mit Meer – Wunstorf.

In einer Produktion der Schaumburger Heimat-Lichtspiele, gefördert von der Nordmedia Hamburg.

Bomben über Wunstorf

Jetzt in allen Kinos westlich des Kaliberges.

Noch mehr Text über Wunstorf

Wer wohnt da bloß?
Richtig: der Wunstorfer

Wen hasst man eigentlich wirklich auf dieser Welt? Die Taliban? Die Bundesregierung? Wespen? Ich denke, es kommt drauf an, ob man häufiger durch Wunstorf fährt, oder eben nicht. Ist Ersteres der Fall, so steht ein Mensch ganz oben auf der Liste, der an einer Wunstorfer Fußgängerampel gerade im Begriff ist, den Auslöseknopf zu drücken. George Bush am roten Button für den Atomkrieg könnte in dem Moment nicht hassenswerter sein als dieser elende Wunstorfer am Bremsventil des Durchgangsverkehrs. Es gibt eine Milliarde Ampeln in diesem Kaff, mit Rotphasen so lang, dass sich plattgefahrene Igel noch sicher auf die andere Seite schleppen können. Aber nein, das reicht ja dem Herrn Eingeborenen nicht. Er will auch noch selber rumfummeln an den Spielgeräten. Keiner von den Säcken muss auch wirklich jemals auf die andere Straßenseite: Alle Geschäfte sind westlich der 441 und wer östlich davon wohnt, kriegt ja satt in der Klapse. Kann man eigentlich nicht Wunstorf in Londonderry verwandeln mit der Durchgangsstraße als Grenze, die niemand überschreiten darf, ohne von der IRA oder der Royal Ulster Constabulary erschossen zu werden? Dann bräuchte man jedenfalls nicht in die Grinsefressen an den Ampeln blicken. Als Durchreisender mit etwas Heimatkenntnis denkt man natürlich, aha, das ist einer von den Bematschten aus der Irrenanstalt, der hier an der Fußgängerampel rumfum-

melt. Erst nach Monaten merkt man, dass dem ganz normalen Einheits-Wunstorfer auch sofort das irre Grienen aus
dem Kragen steigt, wenn er den magischen Knopf an der
Ampel drückt. Mindestens einmal pro Tag braucht jeder Ein-
heimische dieses wahnsinnige Glücksgefühl. Gehbehinderte
Wunstorfer lassen sich sogar täglich an die Straße tragen,
um an der Ampel Energie aufzutanken, die dem fließenden
Verkehr entnommen wird. Wer bettlägerig ist, hat eine eigene Fußgängerampel im Schlafzimmer stehen. Alle machen mit. Ganz Wunstorf lebt davon, die kinetische Energie
des Durchgangsverkehrs in potentielle Energie umzuwan-
deln. Millionen bremsende Autos haben seit dreißig Jahren
diese Stadt aufgeladen. Wunstorf ist ein riesiger Energiespei-
cher, eine Batterie enormen Ausmaßes. Sollte sich Wunstorf,
was ja auf Deutsch nichts anderes heißt als Dorf der Wahn-
sinnigen, sollte es sich jemals entladen, fliegt alles in die
Luft: Das Steinhuder Meer läuft aus, der Kaliberg legt sich
wie Puderzuckerguss über halb Niedersachsen und da, wo
vorher Wunstorf war, ist ein riesiger Krater. So weit, so schön,
alle fahren täglich durch den Krater zur Arbeit und freuen
sich, dass Wunstorf weg ist. Doch dann nach wenigen Tagen
kriechen einige Überlebende auf dem Kraterrand, schleppen
sich mit letzter Kraft ins Zentrum und rammen eine Fußgängerampel in den Dreck. Wunstorf ist wieder da!

Hurra, der Hass geht weiter

Noch ein letzter Text über:
Wunstorf

Wunstorf, eine Kleinstadt dort, wo der Westen Hannovers sich in lieblicher Auenlandschaft verlieren könnte, läge dort nicht Wunstorf. Die einzigen Normalen dieser Stadt haben sich im Landeskrankenhaus verschanzt, der Rest geht seiner perversen Religionsausübung nach. Die Göttin der Wunstorfer ist die Ampel, besonders in ihrer roten Version. Zu Hunderten steht sie im Weichbild der Gemeinde herum. Und wie der Tibeter die Gebetsmühle dreht, so drückt der Wunstorfer dauernd auf kleine Knöpfe an den Ampeln, um sich in ihrem roten Antlitz zu sonnen. Jedes Jahr im Frühjahr feiern die Wunstorfer ihr Ampelfest, dazu denken sich die Hohepriester der Gemeinde eine Stelle aus, an der sie eine neue Statue der roten Göttin einweihen können. Ihr großer Widersacher ist der fließende Verkehr, ihn zu vernichten das erklärte Ziel. Um viele der irregeleiteten Autofahrer durch die rote Gasse zu schleusen, haben die Wunstorfer Kommunalschamanen einen vierspurigen Fluss direkt ins Zentrum des Ampelkultes geleitet. Feixend stehen sie an seinen Ufern und drücken immer wieder die kleinen Knöpfe, damit das leuchtende Rot die Ungläubigen in Erfurcht erstarren lässt. Gierig saugen sie den Ruß der aufheulenden Dieselmotoren in sich ein, wenn die schweren LKW wieder starten. Doch deren Lebenslust währt nur ein Weilchen, denn nach zwanzig Metern grinst das nächste Rotauge ihnen ins Gesicht. Seinen Höhepunkt

DEUTSCHE HEIMAT

Niedersachsen sehen dich an.

HURRA, DER HASS GEHT WEITER

DEUTSCHE HEIMAT

erreicht der Wunstorfer Wahn beim alljährlichen Straßen-
fest, dann werden überall die Teerdecken zurückgeschlagen,
und an jeder Ecke zeigt ein Schaufelballett Ausschnitte aus
seinem Programm. Natürlich dürfen beim Wunstorfer Kul-
tursommer die Roten Göttinnen nicht fehlen. Purpurn illu-
miniert sind die bloßen Eingeweide der Stadt, und im kompletten Stillstand des Verkehrs in den heißen Stunden des
Tages feiern die Einwohner den Höhepunkt ihres perversen
Kultes. So lebt denn der Wunstorfer in Frieden mit sich selbst
und wird von allen anderen ringsherum geliebt wie ein ver-
stopftes Klo nach drei Tellern Erbsensuppe. Doch fürchten
tut der Wunstorfer nur eins: die Umgehungsstraße. Sollte sie
dereinst in fernen Zeiten die Ampelmetropole an der Aue
heimsuchen, wird die Stadt in tiefe Depression versinken.
Schon planen die ersten Einwohner die Flucht. In jedem Jahr
bewerben sich Aberhunderte Wunstorfer auf die Stelle des
Schrankenwärters von Haste. In ihren feuchten Träumen
sehen sie einen rotweißen Bügel, der sich nie wieder hebt,
und davor eine Autoschlange bis zum Horizont mit mumi-
fizierten Leichen an den Lenkrädern. Haste! So heißt das ge-
lobte Land der Wunstorfer.

ENDE DES JAHRZEHNTS

Wieder eins im Sack

Bravo, wieder ein Jahr im Sack. Nur noch wenige Stunden und wir zeigen der Vergänglichkeit unseren ausgestreckten Mittelfinger. Silvester ist der Tag des Triumphes über die Allgegenwart des Abkratzens. Wenn Leben hauptsächlich die Zeit darstellt, in der man nicht tot ist, dann ist das unserige erneut um 365 Tage reicher geworden. Weder hat uns der LKW beim Rückwärtsfahren erwischt noch Wohnungsbrand und Herzinfarkt dahingerafft: Wir haben überlebt, harharhar, wer hätte das vor einem Jahr noch gedacht? Wenn wir uns jetzt nicht noch am letzten Tag des Jahres die Murmel vom Hals sprengen, dann stoßen wir um 0 Uhr auf eine grandiose Erfolgsgeschichte an. Für ein paar Stunden sollten wir mal die ganzen Fährnisse der Gegenwart ruhen lassen und uns nur über uns selbst freuen. Scheiß doch was auf den Klimawandel, die Finanzkrise und resistente Schweinegrippenkillerviren. Wir haben das Ende von Schmidt und Pocher gesehen, den Selbstmord der SPD mitgestaltet, Patrick Swayze und Michael Jackson medial zu Grabe getragen und den letzten Quelle-Katalog neben die Marx-Engels-Gesamtausgabe gestellt – in die Gruft unseres Bücherregals: alles tot oder auf dem besten Weg dorthin. Doch wir sind noch am

ENDE DES JAHRZEHNTS

Leben: Tod, du Arschloch, geh kacken, jedenfalls, was dieses Jahrzehnt anbetrifft. Für alle Zeiten bis in alle Ewigkeit werden wir diejenigen sein, die 2000 bis 2009 erlebt haben, das kann uns kein Tod mehr nehmen, die blöde Drecksau. Wir sind die Helden der Nuller-Jahre, Zeit, sich den ersten iPod hinzulegen für später, wenn die heute 20-Jährigen die Alt-Nuller sind und so blasierte Typen geworden sind wie Joschka Fischer. Held zu sein im Schnuller-Jahrzehnt ist kein leichter Job, da bedarf es einiges an retrospektiver Retusche, mit der man nicht früh genug beginnen kann: ein Stück vom Absperrgitter aus Heiligendamm, ein Handybild von Obama an der Siegessäule, das letzte Trikot von Hertha aus der Ersten Liga, ein Pin-Up-Foto von Andrea Nahles – ab in den persönlichen Reliquienschrein. Die Generation Dreckschleuder verabschiedet sich mit diesem Silvester aus der aktiven Geschichte und werkelt im Lichtschein der letzten Glühbirnen an ihrer eigenen Verklärung. Scheißegal, was war, aber wir haben's überlebt – jetzt seid Ihr dran. Macht was draus, hier ist der Planet im Zustand Vier minus, aber für einen Bastler sicher kein Problem. Und wenn sich die Reparatur nicht mehr lohnt? Weg damit! Abwrackprämie! Das Wort des Jahres 2009 – mehr hätte man eigentlich auch nicht sagen müssen.

REDE ALS BUNDESPRÄSIDENT

Liebe Landsleute, ...

Liebe Sozialschmarotzer, Besserverdiener, Staatslurche, liebes Gesocks, Volk von Jammerlappen und Elektrosmog-Hypochondern – Ihr kotzt mich jetzt schon an. Deshalb werde ich noch heute Nachmittag zurücktreten. Und ich sage Euch, warum: Ihr seid zu fett, zu doof und guckt zu viel Scheiße im Fernsehen. Ihr dürft Eure Kinder umsonst zur Schule schicken und sorgt nicht mal dafür, dass sie's tun. Jeder halbwegs begabte Volltrottel darf studieren, was er will, sogar Gendermainstreaming und Medienkompetenz, Millionen verfressener Arschmaden verjuxen alljährlich unsere Devisen in Touristenknästen rund um die Welt, auf jeden zweiten Insassen dieser Republik kommt ein PKW, jeder, wirklich jeder Blödmann hat mindestens so viel Einkommen, um sich tot zu saufen oder zu rauchen. Familien unter der angeblichen Armutsgrenze fotografieren sich gegenseitig mit ihren Handys vorm MediaMarkt. Alle hinterziehen Steuern, arbeiten schwarz und bescheißen den Staat, wo es nur geht – die oberen Einkommen sowieso, aber auch die kleine Hartz-IV-Krampe ist da kein Kind von Traurigkeit.

Liebe Bürger dieser Republik, Ihr seid alle verdammte Egoisten, weltfremde Spinner und besteht bald nur noch aus

REDE ALS BUNDESPRÄSIDENT

Schlund und Rosette. Oben Schinkengriller rein und mit der BILD auf'm Scheißhaus wieder raus – das ist Eure Welt und zwischendurch WM gucken und grölen. Alle paar Wochen über die Mama ruckeln und sich von der Krankenkasse die Zivilisationsschäden berappen lassen. Bravo, Ihr seid wirklich die abgebrochene Krone der Schöpfung. Jeder denkt nur an sich und hasst den anderen. Kein Wunder, dass Ihr von einer Bande zweitklassiger Büfett-Grinser regiert werdet und deren Gefasel auch noch nachplappert. Wer die FDP wählt, der soll auch durch sie umkommen. Wer der SPD noch glaubt, glaubt auch, dass der Osterhase die Kinder bringt. Wer DIE LINKE wählt, hält Geld für einen von selbst nachwachsenden Rohstoff. Die CDU hat gar keine Wähler, sondern nur Mitläufer. Und warum DIE GRÜNEN überhaupt Mitglieder haben, das soll die Paläo-Psychiatrie in eintausend Jahren herausfinden.

Und weil das alles so ist, und Ihr lieben Blödköppe in diesem an sich gar nicht mal so schlechten Land alle nur am rumköhlern seid, habe ich echt null Bock, der Präsi von Euch bescheuerten Opfern zu sein. Geht alle kacken! Aber weil ich selber auch ein gieriges Stück Scheiße bin, genau wie Ihr, nehme ich die Wahl an und trete erst danach zurück. Das heißt: Ehrensold bis zum Arschzukniff, Chauffeur, Büro und Sekretärin zum Vögeln mitten am Nachmittag – und alles das zahlst Du, Blödmann, wenn Du denn überhaupt irgendwas einzahlst in diesen Staat. Amen! Halleluja und Hirn raus zum Gebet.

P. S.: Das war meine Antrittsrede als nicht gewählter Bundespräsident und ich habe tatsächlich nur viermal Scheiße gesagt und zweimal Arsch – da geht's aber in gewaltigen Schritten Richtung Hochkultur, wenn ich nicht aufpasse ...

STATT EINES NACHWORTES

Wie alles begann:
Frühstyxradio und ich selbst

Es war einer dieser öden Nachmittage irgendwann nach dem Studium. Ich hatte an der sagenumwobenen Uni Bielefeld Philosophie und Literaturwissenschaft gar ausgiebig studiert und nannte mich Magister fast. Aber nur fast, weil ich zu schissig war, mein großes Latinum auf dem Abi-Zeugnis zu fälschen. So musste ich auf das Staatsexamen ausweichen und dort meine Prüfung ablegen, was – wie ich finde – ja keine Schande ist, wenn man nicht für alles Geld der Welt damit beabsichtigt, den Beruf des Schulmeisters zu ergreifen.

Um dem Geldsäckel ein wenig das Leder auszubeulen, arbeitete ich als Lohnschreiber in einem Verlag. Zusammen mit meinem Kollegen Udo Diekmann, der mich schon durch die Fährnisse des bierreichen Studiums begleitete, drosch ich acht Schwarten aufs Papier. Jene waren weniger literarisch wertvoll, dafür aber lukrativ. Auf diese Weise erschien mir erstmalig die Mär von der brotlosen Kunst des Philosophen als eine solche. Doch zurück zu besagtem öden Nachmittag in der Cafeteria der sagenumwobenen Uni Bielefeld Ende 1987. Wie so oft zogen sich die Stunden bis zur Freigabe des Bieranstichs um 18 Uhr (selbstauferlegte Fron) unendlich

STATT EINES NACHWORTES

hin. Da betrat der Lebemann Burnei Finskau den Ort und wusste von einem neugegründeten Sender in Isernhagen zu berichten, der ganz passable Musik spiele und auch sonst für manchen Schabernack gut sei. Ob ich nicht, so Lebemann Finskau, meine im Tonstudio der Uni aufgenommenen Scherzhörspiele mal einschicken wolle, um zu sehen, was passiere. Gesagt, getan, noch im selben Monat war eine Kassette eingetütet und auf postalischem Wege ins Niedersächsische spediert. Doch es vergingen noch weitere zwei Monate, bis eine Antwort eintraf. Zwischendurch hatte ich mich längst mit einer Karriere an der Lehranstalt in der Glitzerstadt Bielefeld angefreundet und dachte nicht mehr an die Postsendung. Der Brief traf im Januar '88 ein und enthielt eine Vorladung beim zuständigen Programmdirektor. Ja, so hieß es dort, man sei sogar gewillt, die Fahrtkosten zu tragen. Es war der 16. Januar 1988, ich fuhr mit der Bahn nach Hannover (gleichfalls eine Glitzerstadt), mit der U-Bahn raus zum Fasanenkrug und von dort mit dem Bus nach Isernhagen KB (Kommunistischer Bund?). Der schwärzeste Arsch der Welt, dachte ich noch im Öffi, wurde bei Ansicht des respektablen Sendergebäudes aber eines Besseren belehrt. Hauruck die Waschfrau, die wissen zu leben, schoss es mir durch den Kopf. Im Eckbureau der Villa residierte der Programmdirektor Thorsten Römling, schaute auf das gepflegte Grün hinaus und wartete auf die Freigabe des Zapfhahns um 18 Uhr beim Griechen gegenüber. Er wies auf die von mir eingesandte Kassette und brach in Gelächter aus. »Ham wer gelacht«, so Römling, was für ein Idiot schickt uns denn so 'nen altbackenen Mist in den Sender. Seine Assistentin Petra Kling wusste ergänzend zu berichten, dass die Kassette zwei

WIE ALLES BEGANN: FRÜHSTYXRADIO UND ICH SELBST

Monate in der Schublade gelegen hatte, weil sie offensichtlich nichts enthielt (ich hatte versäumt, sie zurückzuspulen), erst beim kürzlichen Aufräumen habe sie den Tonträger noch mal zufällig in einen Auto-Reverse-Player geworfen und höre da, eine ranzige Altmännerstimme verbreitete sich über Flache Freunde auf der Autobahn. Ja, und diesen alten Sack wollte man doch mal kennenlernen. So also kam ich zu radio ffn, wie es damals noch hieß. Und damit begann eine der schönsten Zeiten meines Lebens. Schon für die Sendung am kommenden Vormittag solle ich doch mal eben eine Folge des Kleinen Tierfreundes auf Band sprechen, dann könne man die schon mal raushauen, so Römling beim Abschluss des Gespräches. Ab dem Zeitpunkt lief DER KLEINE TIER-FREUND jeden Sonnabend um kurz nach neun bei radio ffn, später auch bei RIAS II, rs2, B2, FRITZ, XANADU und vielen Lokalstationen in NRW – bis heute! Die jeweiligen Folgen nahm ich zu Hause in Bielefeld mit meiner REXOX B77 auf, und wer damals genau hinhörte, dem entging nicht das Knarzen meines alten Bürostuhls oder wenn Frau Evert, meine Nachbarin (schwerhörig) auf dem Flur Herrn Grundmann (102 Jahre alt) begrüßte. Das Frühjahr ging ins Land, und es gefiel dem Programmdirektor Römling, eine Comedyshow ins Leben zu rufen nebst mehreren wöchentlichen Serien. Mittlerweile hatte ich im Studio von ffn die Kräfte Richter, Bulthaup und Liebold kennengelernt, allesamt wie ich aus Bielefeld, mir aber bis dato gänzlich unbekannt (Schicksal einer Glitzermetropole). Asso Richter, ein raubeiniger Sozialarbeiter, hatte schon ein paar eigene Serien entwickelt, Andreas Liebold, akkurater Theaterschauspieler, und Sabine Bulthaup, liebreizende Diseuse verdingten sich als

233

STATT EINES NACHWORTES

Sprecher im Sender. Wir vier entwickelten DIE VIERMA, eine Serie rund um das Imperium Fritz F. Nietmeyer (die genauen Beobachter mögen aus den Initialen die Anspielung herauslesen) Mir gelang mit Günther, dem Treckerfahrer eine bis heute sehr aktive Bühnenfigur, mit dem Frühstyxradio dann uns allen der große Wurf. Es würde tausend Blätter füllen, all die Ereignisse aufzuzählen, die es wert wären, dass von ihnen berichtet würde. Es war eine lustige Zeit, wir alle haben mehr gelacht und mehr Spaß gehabt bei der Arbeit als ganze Generationen zusammen. Unvergessen die nicht enden wollenden Mittagspausen beim Italiener in Großburgwedel, die abendlichen Verschwörungsgespräche beim Griechen oder die Lachorgien während der Aufnahmen im Studio. Oft dachten wir, in diesem Moment gäbe es keinen Ort auf der Welt, an dem wir lieber wären. Das soll nicht heißen, dass es nicht auch jede Menge Nervereien und Blödmänner gab, die einem das Leben und Arbeiten vermiesen wollten. Die meisten waren es aber eben nicht und darum ging es. Ich könnte zig Kollegen aus der Zeit aufzählen, die noch heute meine Freunde sein könnten, hätte sie das Mediengeschäft nicht in alle Winde zerstreut, es wären zu viele Namen, um einige herauszugreifen. Bei den meisten hätte man sich auch keinen anderen Arbeitgeber als ffn vorstellen können, der sie genommen hätte. Trotzdem oder gerade deswegen sind sie bei vielen anderen gelandet. ffn in den frühen Neunzigern war der geilste Sender in Deutschland auch und gerade mit all seinen Arschlöchern und Bekloppten, dagegen war der Rest nur geschlossener Formatvollzug. Begünstigt durch seine Quasi-Monopolstellung, angetreten gegen die lebende Leiche NDR, konnte der Sender machen, was er wollte,

234

WIE ALLES BEGANN: FRÜHSTYXRADIO UND ICH SELBST

er war zum Erfolg bestimmt. Das galt zwar auch für andere zeitgleich gegründete Sender in Deutschland, aber ffn war der einzige, der ein paar Jahre lang inhaltlich etwas draus gemacht hat. Zurückblickend erscheint es einem heute unglaublich, was damals im Radio lief. Nicht nur das legendäre Göbelsolo der Arschkrampen fällt mir ein, auch eine Nachtsendung, die im Wesentlichen von der Senderkatze Gringo gefahren wurde (der alte Kämpe lebte übrigens noch jahrelang im Exil), eine gemeinsame Silvesternacht mit dem Düsterbarden Eckert Stieg, nach der uns nur die Sicherstellung der Mitschnitt-Kassetten vor Schlimmeren bewahrt hat. Nicht zuletzt die »Darf-man-Ponys-im-Radio-zersägen-Diskussion« 1992. Und damit wären wir bei der Absetzung der Frühstyxradio-Sendung durch den völlig überforderten Programmdirektor Peter Bartsch.

Er war ein Kindskopf und uns in jeder Hinsicht natürlich komplett unterlegen. Es war nur eine Frage der Zeit, bis dieser dicke Mann scheiterte. Schwamm drüber, Peter, du hast es auch nicht leicht gehabt mit uns. Unvergesslich das Bild, wie der Peter mit zwei Plastiktüten in der Hand das letzte Mal vom Grundstück schlich, und irgendwo hab ich auch noch ein T-Shirt »Rettet Peter Bartsch«. In Erinnerung geblieben sind mir die tausend Faxe und Briefe, die im Sender überall an den Wänden hingen, die Demonstrationen draußen vor dem Werkstor, die Solidarität der Hörer in ganz Norddeutschland. Seit damals wussten wir, wo unser Kapital liegt: in den Köpfen der Leute, die uns hören. Und das hat sich bis heute nicht geändert. Wenn auch jeder amerikanische Berater oder scientologische Formatwämser danach uns einzureden versuchte, der Hörer sei ein Stück Scheiße mit Ohren,

STATT EINES NACHWORTES

dem man jeden Dreck in den Gehörgang blasen kann – wir wussten es besser, wir kannten Tausende, die anders sind. Und das ist die größte Leistung des Frühstyxradios heute aus der Rückschau: Es wurde gezeigt, dass anderes Radio möglich ist. Und mehr als das: Frühstyxradio hat schon sehr früh seinen Geburtsort im Radio verlassen. 1989 gab es die erste große Bühnentournee, die erste Tierfreund-Kassette. Fünfzehntausend Leute schickten damals Zehn-Markscheine nach Isernhagen, um eine Kassette zu erhalten. Einhundertfünfzigtausend Mark lagen in Umschlägen verstreut wochenlang in unserem Mansardenbureau herum, keiner kam weg, alle wurden brav in der Buchhaltung eingereicht. Auch das erscheint heute irgendwie fremd. Auch auf andere Weise verließ das Frühstyxradio seine akustische Geburtsstätte: Bekloppte Aktionen nach Mitternacht, nicht-gewinnorientierter Aktivismus: Wettfahrt Kreidler gegen Schwalbe durchs Wiehengebirge, Live-Hörspiel auf der Inselfestung Wilhelmstein, Konzert im Niedersachsenstadion vor 99 Leuten usw. Das alles hat nicht nur uns, sondern eine ganze Generation von Dabeigewesenen geprägt. Und wenn noch heute irgendwo auf der Welt, ob im Urlaub, auf einem Motorradtreffen oder beim Empfang eines großen Industrieunternehmens jemand mit den Worten auf mich zukommt »Wischmeyer, du Dreck!«, ja dann weiß ich, dass diese Welt, insgesamt gesehen, so schlecht nun doch wieder nicht ist.

Acht Jahre lang jeden Sonntagvormittag eine Sendung mit Irren zu machen war die beste Idee, die ich in meinem Leben hatte. Dadurch habe ich Hunderte respektabler Individuen kennengelernt, das hat mir den Glauben an die Menschheit erhalten und leben kann ich davon auch – was will man

WIE ALLES BEGANN: FRÜHSTYXRADIO UND ICH SELBST

mehr? Und wenn dereinst der Deckel von außen zugemacht wird, dann bin ich sicher, dass es doch nur wieder eine von Brettermeiers üblen Machenschaften ist.

Dieser Text wurde bereits in der Acht-CD-Prachtbox »1500 Jahre Frühstyxradio«, Bear-Family Records, 2004 veröffentlicht. Aber da die Box vergriffen ist und nur in limitierter Auflage in den Handel gelangte, verzeihe man mir den Nachdruck.

Wischmeyer AUSWAHL

DOPPEL-CD: Die bekloppte Republik
Live-Mitschnitt des Tourneeprogrammes 2008

DOPPEL-CD: Die Bekloppten & Die Bescheuerten
Live-Mitschnitt des Tourneeprogrammes 2005

DOPPEL-CD: Die Bekloppten und Bescheuerten
Live-Mitschnitt des Tourneeprogrammes 2003

DOPPEL-CD: Das Paradies der Bekloppten und Bescheuerten
Live-Mitschnitt des Tourneeprogrammes 2001/2002